에세이 만들기
기획이 먼저다

초보 글쓰기 작가를 위한 기획·창작 워크북

김효선 지음

에세이 만들기, 기획이 먼저다
초보 글쓰기 작가를 위한 기획·창작 워크북
초판발행 : 2021년 7월 21일

지은이 | 김효선
출판사 | 북사인
arosaegle@naver.com

잘못 인쇄된 책은 서점에서 바꾸어 드립니다. 이 책의 저작권은 저자와 북사인 출판사에 있습니다. 이 책 내용의 전부 또는 일부를 이용하려면 반드시 출판사의 동의를 받아야 합니다. 저작권법에 의해 보호를 받는 저작물이므로 무단 복제 및 무단 전재를 금합니다.

에세이 창작,
어디서부터 어떻게 시작해야 할까?

이 책은 늘 멋진 아이디어만 생각하고 흐지부지 돼버리는 초보 글쓰기 작가를 위한 창작의 단계를 안내한다. 창작의 이론을 실제 작업으로 끌고 오기 위해서는 '무엇을 언제 어떻게' 적용해야 하는지 아는데서 부터다. 방향과 방법, 그리고 열정이 만났을 때 창작의 기쁜 결실을 맺을 수 있다. 창작의 단계마다 꼭 필요한 핵심 내용을 가이드하며, 기획을 심도 있게 접근할 수 있도록 도와준다. 다양한 작법서와 창작 이론서는 많지만, 좋은 내용을 적재적소에 이용하지 못하면 무용지물이다. 이 책은 어떤 내용을 언제 따라 해야 할지 고민하지 않아도 된다. 목차의 순서를 따라가다 보면 어느새 창작의 열정 위에 합리적인 용기가 샘솟을 것이다. 이 책은 크게 4부분으로 나눠져 있다.

|

[프롤로그] 창작과 기획
기획의 중요성을 전하며, 창작 시작에 앞서 필요한 태도를 설명한다

[1부:기획] 에세이를 알자
에세이 창작에 필요한 개념을 배우면서, 기획을 10가지 단계로 설명한다

[2부:창작] 에세이를 쓰자
기획 완료 후, 에세이를 쓰는 과정을 10가지 단계로 설명한다

[부록] 출판과 제작
책 제작과 출판에 관해 독자가 궁금한 내용들을 전한다

content

매일 작업하지 않고 피아노나 노래를 배울 수 있습니까.
어쩌다 한 번으로 얻을 수 있는 것은 결코 없습니다.

|
레프 톨스토이
Leo Tolstoy

| PLAN | 창작과 기획 ⋯ 8p |

| PART -1- | 〈기획〉- "에세이를 알자!" ⋯ 16p |

| PART -2- | 〈창작〉- "에세이를 쓰자!" ⋯ 51p |

| 부 록 | 출판과 제작 ⋯ 101p |

1부. 〈기획〉- "에세이를 알자!"

01. [개념]- 에세이와 수필은 어떻게 다를까? -18
02. [구조]- 글이 전개되는 구조, 서론-본론-결론 -22
03. [주제]- 잔잔한 글 속에 숨겨진 명확한 주제 -24
04. [의미]- 내용의 의미화 작가의 철학 넣기 -28
05. [독자]- 독자를 위한 책, 깊이있는 작가의 책임 -30
06. [특징]- 주제의 대표적인 종류와 특징 -34
07. [트렌드]- 주제를 빛나게 할, 시대 트렌드 파악하기 -36
08. [컨셉]- 구매로 이어지는 스토리, 컨셉의 중요성 -38
09. [방향]- 방향을 만드는 목적지, 서론과 결말 -46
10. [목차]- 구조를 정리하는 매력적인 목차 기획 -48

2부. 〈창작〉- "에세이를 쓰자!"

[부끄럽지 않는 글이 되는 기본기 훈련]
11. : 첫 문장 쓰기 -56
12. : 참신성 -60
13. : 논리성 -64
14. : 글의 구조 -70
15. : 표현력 -74
16. : 단어와 문장 -78
17. : 글쓰기 노하우 -80
18. [퇴고]- 퇴고에 얼마나 시간을 쏟고, 공을 들이나요? -88
19. [퇴고]- 초고보다 중요한 퇴고, 4단계 방법 -90
20. [탈고]- 더 나은 발전을 위한 피드백 듣기 -96

prologue

창작과 출판
기획이 왜 꼭 필요할까요?

책은 콘텐츠이자 상품이다

생각을 적은 글은 기획이 있느냐, 없느냐에 따라 '기록'과 '문서'로 나눠진다. 문서 그대로 있으면 '자료'에 불과하지만 상품 가치를 지니게 되면서 판매가 가능한 '책'이 된다. 서점에 즐비하게 놓여있는 종이 뭉치들이 단순한 문서가 아니라 책이라는 점을 가볍게 생각해서는 안 된다. 책은 기획을 바탕으로 가공된 콘텐츠의 집약체이다. 그 콘텐츠마다 성격과 개성이 있는 지적 구조화 산물이다. 그래서 작가가 자신이 쓴 정제되지 않은 초고를 나중에 책의 형태로 마주할 때면 감회가 새롭다고들 한다. 마치 종이 위에 스케치만 그렸는데, 그 그림이 움직이는 캐릭터로 만난 느낌과 비슷하지 않을까 싶다.

책 쓰기를 위한 글은 가공되는 시간이 필요하다. 날것의 글일수록 상품 가치를 지닌 책으로 만들어지기까지 많은 작업이 필요하단 뜻이다. 원고가 분량이 적절하고, 내용이 흠잡을 데 없을수록 출간일을 앞당길 수 있는 것은 당연하다. 본인이 현재 작가로 글을 쓰고 있다면, 나는 지금 그러한 좋은 글을 쓰고 있는가? 혹은 내가 쓰고 있는 원고가 책으로 나오기 위해 얼마나 더 다듬어져야 할지 생각해 본 적이 있는가? 아니면 '편집자가 알아서 정리해주겠지'라고 일단 쓰기만 급급해 하고 있는 것은 아닌지 돌아볼 필요가 있다. '원글 불변의 법칙'이라고 하겠다. 편집자가 모두 다듬어주는 것은 결국 내 글이 아닐뿐더러 한계가 있다. 저자가 전하고자 하는 핵심 주제와 글의 구성까지 전부 바꿀 수는 없기 때문이다. 성과 있는 책을 쓰기 위해서 그래서 3가지가 필요하다. 기획/창작/지구력. 암만 기획을 잘하고 글을 잘 써도 중도 포기하면 결실을 얻을 수 없다.

좋은 기획은 출판 운영에 선순환 구조를 가져다준다. 기획이 탄탄할수록 독자와 책의 목적이 명확해지고, 책 제작의 동기부여가 높아진다. 높아진 동기부여는 집필 중에 찾아오는 작가의 심리적 불안감을 해소시켜준다. 소규모 출판일 수록 책 한 권에 모든 여건을 쏟아부어야 하는 만큼 때때로 "이 책이 잘 안 팔리면 어찌지?"라는 막연한 두려움이 찾아올 수 있다. 자비출판이라면 더욱 그렇다. 제작 시간, 투자 자금 모든 것이 넉넉하지 않은 상황에서 이후 판매에 관한 걱정은 당연하다. 기획을 토대로 판매 부수를 예측한다고 해도 사실상 어디까지나 희망하는 가설일 뿐이다. 그 책의 운명은 제작하는 과정 중에는 정확히 알 수 없기 때문에 필연적인 불안함이 생긴다. 이런 불안감은 정신적으로 큰 스트레스를 몰고 온다. 현재 쏟아붓고 있는 열정과 노력이 클수록 심리적인 부담은 동시에 증가한다. 이는 작업자를 굉장히 고단하게 만든다. 결과를 확실히 예측할 수 없더라도 기획을 해야 하는 이유는 상상과 현실의 간극을 좁히기 위해서다. 탄탄한 기획은 그렇지 않고 쓴 책 보다 더 긍정적인 예측을 가능하도록 해준다. 기획이 명확할수록 '막연한 걱정'이 사라지는 것이다. 이는 제작 과정 중 찾아오는 불안을 줄여주고 긍정적인 자신감을 높인다. 또한 줄어든 스트레스 자체는 심리적인 안정을 준다. 더욱이 판매 결과가 좋지 않아도 다시 빠르게 문제점을 점검해나갈 수 있다. "역시 안될 줄 알았어."보단 "기획에서 제대로 다루지 못한 부분은 어디일까? 다음에는 어떤 부분에 더 신경 써할까?"라고 되돌아볼 수 있다. 만일 엉성하게 책을 만들었다면 그간의 작업을 점검하고 싶어도 기록하고 고민했던 데이터가 없다. 무엇을 점검해야 할지 모른다면, 어떻게 올바르게 피드백을 하겠는가. 이러한 기획의 선순환 구조는 다시 독자에게까지 영향을 미친다. 체계적으로 작업된 책은 명확한 주제와 콘셉트를 가지고 '잘 만들어진 책'이라는 느낌을 줄 수 있다. 이는 판매율을 높이는 큰 힘이 된다. 물론 기획만 잘해서는 안된다. 이를 시작으로 원고, 편집, 디자인, 홍보, 마케팅 등 모든 부분이 시너지를 낼 때에 비로소 출판 판매에 긍정적인 궤도를 그려나가게 된다.

기획은 참 재미있다. 논리적인 뼈대를 만들고 그 안에 구조를 잡아가다 보면 책에 운동력이 생긴다. 이번 내용에서는 따라 할 수 있는 기획 가이드를 제시한다. 본 내용은 전혀 새로운 방법이 아니다. 아마도 읽다 보면 어렴풋하게 머릿속으로 고민해보았던 부분일 것이다. 그저 이번 글을 통해 두리뭉실하게 흩어져 있던 기획의 방향과 순서를 제시하여 구체적으로 따라올 수 있게 하는데 목적을 두었다. 이 문서 외에 출판기획 워크북을 활용하여 나만의 기획을 그려나가 보자. 좀 더 명확하게 어떤 책을 만들지 계획해 나갈 수 있을 것이다.

창작 기획의
사고화 과정

* 창작은 무에서 유를 만들어 내는 과정

아이디어가 눈에 보이도록, 대중성을 갖춘 상품으로 태어나기 위해서는 기획을 올바르게 끌고 갈 힘이 필요합니다. 당연히 각 단계를 올라서는 과정은 쉽지 않습니다. 오랜 끈기와 창작을 완성하고자 하는 열망이 지속돼야 합니다. 그렇게 창작을 성공하면, 스스로 계속 발전해 나갈 힘이 생깁니다.

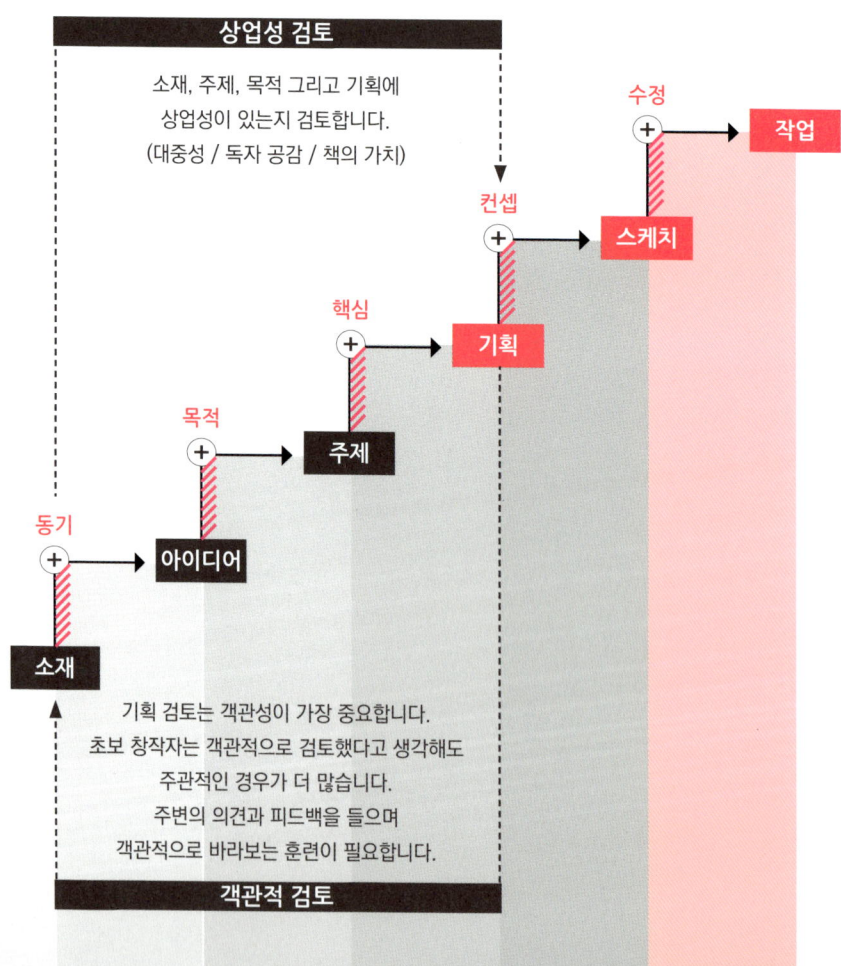

* 창작의 가치

창작의 가치는 개인마다 기준을 다르게 정할 수 있습니다.
어떤 가치를 마음에 품고 책을 만들지는 창작자의 선택입니다.
아래 내용들을 살펴보시면서 창작을 위한 마음과 태도를 먼저 준비해봅니다.

* 개인의 성장을 위한 관점

탐구적 가치	창작을 통해 좋아하는 분야를 더 깊게 배우며 전문가가 되기 위한 노력
발전적 가치	창작의 도전과 끝까지 완성해 봄을 통해 한 층 더 성장하는 발판
예술적 가치	글과 그림으로 표현하는 예술 작업으로 창작자의 내면을 표출

* 판매와 상품을 위한 관점

개인적인 필요로 자체 제작으로 끝날 책이라면 '창작' 자체에
의미를 두고 그 과정을 즐기며 만드시는 게 가장 좋습니다.
하지만 판매를 목적으로 제작을 진행하고 싶으시다고 하시면,
그 책이 존재하는 이유가 '나'에서 '대상'으로 옮겨갑니다.
그래서 상품을 위한 기획에는 상업성과 대중성이 모두 들어가 있어야 합니다.

상품적 가치	상품의 가치는 무엇을 뜻할까요? 간단하게 대중(독자)가 얼마나 이 상품을 좋아하고 구매하는지의 여부로 판단할 수 있습니다. 그 상품이 필요한 대중에게 잘 전달하고, 상품의 본분을 다 할때 의미가 높아집니다. 이 때문에 상품성은 '독자에게 의미있고, 필요하고, 좋아하는' 기준들이 상품에 들어가 있어야 합니다. *상품성 : 상거래를 목적으로 하는 상품으로서의 가치를 가진 성질.
대중적 가치	대중성은 상품성과 비슷하면서도 조금 다릅니다. 상품의 기능이나 목적에 대중이 그 의도에 대해 공감이 깊을수록 대중적인 가치가 높아집니다. 이용이 쉽거나, 편리하거나, 자주 사용할수 있거나, 공감을 통해 호감을 느끼는 방향입니다. 대중성이 높을 때 상품 가치도 같이 올라갑니다. *대중성 : 일반 대중이 친숙하게 느끼고 즐기며 좋아할 수 있는 성질.

누구나 하는 기획,
누구나 할 수 없는 기획

* 기획

먼저 기획의 뜻에 대해 다시 한번 생각해봅시다.
기획이란 무엇일까요?
출판뿐 아니라 모든 일을 행하기 전에 '기획' 부터 시작합니다.
사전적 정의로 기획은 다음과 같이 설명되고 있습니다.

> 어떤 대상에 대해 그 대상의 **변화**를 가져올 **목적**을 확인하고, 그 목적을 성취하는 데에 가장 적합한 **행동**을 **설계**하는 것을 의미한다. 이에 대해 **계획**(plan)은 기획을 통해 산출된 결과를 의미하며, 사업계획(program)과 단위사업계획(project)은 계획의 하위 개념으로 볼 수 있다.
>
> _「이해하기 쉽게 쓴 행정학용어사전」

이 문장에서 몇 가지 중요한 단어가 눈에 보입니다.
바로 〈변화〉〈목적〉〈행동〉〈설계〉〈계획〉 입니다.
이 단어들을 기획의 단계로 정리해본다면 어떤 순서를 가질까요?
눈에 보이는 무엇인가를 구현하기까지, 먼저 생각이 설계가 되야 합니다.
그리고 그 설계대로 계획하고 행동하고 변화하여
구현의 목적을 만들어냅니다.

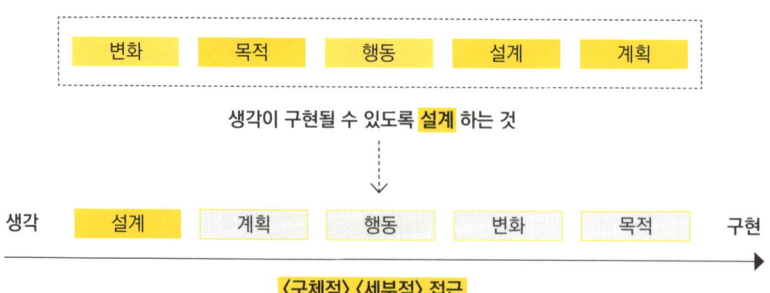

제가 정리한 순서가 꼭 정답은 아닐 수 있을 거에요.
여러분들도 각자가 기획의 과정과 순서가 어떨지 고민해보셔도 좋습니다.

* 개인 창작 기획은 '누구나 할 수 있다'

기획은 누구나 할 수 있을까요? 네, 맞습니다. 누구나 할 수 있습니다!
아이디어가 있고, 창작하고 싶은 무엇인가 있다면,
누구나 자신의 머릿속에 생각을 자유롭게 기획하는 것은 자유입니다.
나만의 예술 작품은 열정과 끈기만 있으면 만들 수 있습니다.

* 상품 창작 기획은 '누구나 할 수 없다'

하지만 상품을 만들어 내는 기획은 누구나 하지 못합니다.
이는 기획자의 역량과 자질이 필요한 부분이기 때문입니다.
여기에는 대중성과 상품성이 들어가야 합니다.
이를 위해서는 열정과 끈기만으로는 부족합니다.
기획도 잘하는 창작자가 되기 위해서는 5가지가 있어야 한다고 생각합니다.
통찰력, 직감력, 아이디어, 자기 객관화, 그리고 인사이트입니다.
또 자신의 작업물을 객관적으로 검토할 수 있는 비판 능력도 키워야 합니다.
초보 창작자일수록 자신의 작업을 객관적으로 보는 게 어렵습니다.
스스로는 충분히 객관적으로 기획하고 창작했다고 여기는데,
다른 사람 눈에는 공감가지 않는 주관적인 생각일 뿐이라고 느끼는 경우도 많습니다.
대중성과 상품성이 들어간 기획을 하려면 당연히
타인의 공감을 얻을 수 있는 객관적인 설계가 필요한 법입니다.
그럼 어떻게 자기 객관화 능력을 높일 수 있을까요?
이것을 인사이트와 연결시켜서 설명하고 넘어가겠습니다.

인사이트 얻기, 공부와 조사의 중요성

* 대중적인 호감을 끌어오는 힘

지속적으로 인사이트를 얻어야 하는 것이 중요한 이유는 시야를 넓혀주기 때문입니다.
내 생각안에 갇히지 않고 주관적으로 평가하고 있지 않았는지 되짚어볼 수 있습니다.
또 인사이트는 아이디어의 원천으로 더 멋진 창작을 진행할 수 있도록 도와줍니다.
인사이트를 얻는 방법은 다양하지만, 제가 말하고 싶은 것은 공부와 조사입니다.

그림을 한번 봐주세요.
가운데 있는 사람은 창작자의 사고입니다.
처음에는 사고의 범위가 나에 한정됩니다.
사고의 범위에 나밖에 없어서 자기중심적으로 치우쳐,
내 생각을 다른 사람들도 멋있다고 해줄 거라고 여깁니다.

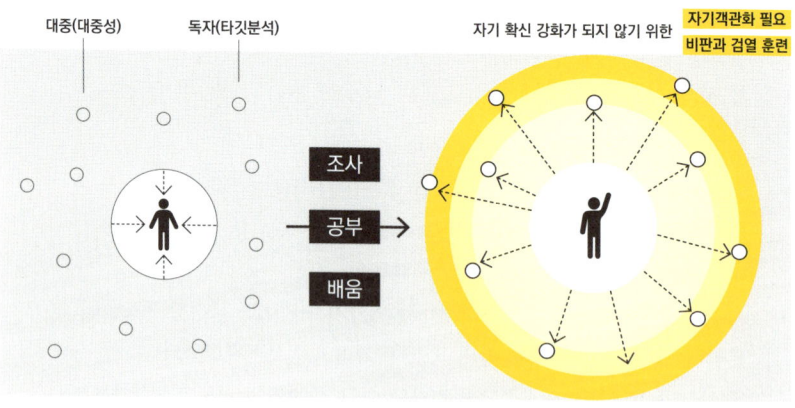

책, 영상 등 모든 자료는 다른 누군가가 만들어 낸 것으로,
인사이트를 얻는 일은 그 대상의 견해와 경험을 흡수하는 힘이 됩니다.
그래서 조사와 공부를 통해 내 생각을 대중적인 관점과 연결할 수 있습니다.
하지만 꼭 많은 공부를 한다고 사고가 잘 확장되지 않을 수도 있습니다.
오히려 자기확신만 강화시키는 경우도 생깁니다.
이를 예방하기 위해 자기객관화가 꼭 필요합니다.
타인의 의견을 잘 듣고, 겸손, 교만하지 않는 창작자의 태도 훈련과도 연결됩니다.

* **창작의 콩깍지, 자극과 경계**

안목을 높이는 것은 이론 공부만으로는 쉽지 않습니다.
실전 경험을 통해 직접 부딪여 보는 일도 필요합니다.

『 개인적인 경험을 나눠봅니다. 제가 처음 썼던 책은 에세이였는데, 딱 지인만 사고 아무도 안 산것 같아요. 그때 그 책을 쓰면서 공부할 때는 제 수준에서 최선이였거든요. 그래서 혼자 책을 내면 왠만큼 팔리겠거니 싶었는데 전혀 아니였어요. 처음에는 조금 상심했는데, 시간이 지나서는 안팔려서 다행이다 싶었어요. 막상 출간하고 내 손을 떠나니깐 그제야 한 단계 성장한 눈으로 내 작업을 좀 더 객관적으로 살펴볼 수 있게 되더라구요. 또 독자의 냉혹한 반응을 맛보고 내가 생각하고 기획했던게 얼마나 주관적이였던지 되짚어볼 수 있던 시간이였습니다. 그때는 충분히 공부하고 객관적이게 검토했다고 여겼는데 말이죠.』

* **객관적 비판 연습**

내 작업을 객관적으로 비판하는 3가지 방법이 있습니다.

<u>1. 작업이 한번 완성되면 시간 텀을 두고 쉼을 갖은 후 다시 바라보기.</u>
<u>2. 객관적으로 비판해주는 믿을만한 지인에게 피드백 받기.</u>
<u>3. 창작물을 마무리 짓고 독자나 대중의 냉정한 반응을 그대로 보기.</u>

지금 창작하시는 분들은
현재 품고 있는 창작물은
어느 정도 콩깍지가 다 씌워져 있어요.
그래서 내가 볼 때 진짜 멋지고,
괜찮다고 여길지도 몰라요.

자신감을 잃지 않는 것은 중요하지만,
그 생각을 철썩 같이 믿으면 안 돼요.
완성해서 판매를 생각하는 것보다 더 중요한 것은
최선으로 공부하며 마무리 지어본 후,
한 층 성장한 눈으로 이전 작업을
피드백하고 발전해 나가는 것이라 생각합니다.

완벽하기 때문이 아니라,
성장하기 위해서

* 책을 통해 스스로 발전하고 성장하는데 목표

할 수 있는 한 구체적이고 세부적으로 접근하려는 이유는 제 머리가 완벽하거나 완벽주의가 있어서 그런 게 아닙니다. 단지 **그 과정을 통해 되돌아보고 성장하기 위해서**입니다. 이는 꼭 출판뿐 아니라 모든 일에서도 같은 원리겠죠?

같은 일이라도 듬성듬성 생각한 사람과 구체적이고 세부적으로 기획을 고민한 사람은, 나중에 자가 점검할 때 깊이가 다를 수밖에 없습니다. 생각을 구획화한 단위마다 사고가 확장되기 때문입니다. **고민하며 깊이 있게 설계한 기획과 공부하여 얻은 사고의 확장은 계속해서 남아 있습니다. 이는 다음에 일을 할 때 한 단계 더 높아진 시야를 갖고 점검하고 발전할 수 있습니다. 내가 무엇이 얼마나 부족했는지 되돌아보는 힘은, 그만큼 노력해봐야 알 수 있으니까요.** 그래서 기획과 사전 공부를 꼭 저는 중요하게 해보시길 권유합니다.

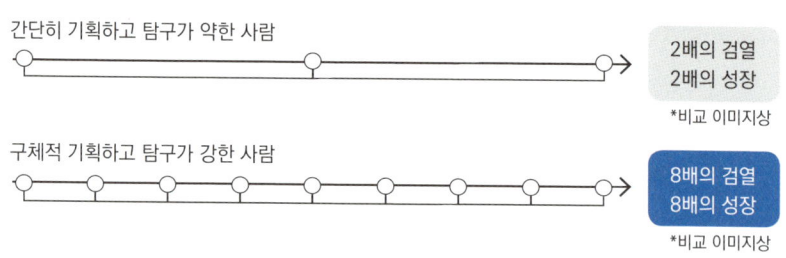

* 기획이 좋으면 책이 다 잘 팔린다? (X) → 잘 팔릴 가능성을 높인다 (O)

객관적으로 멋진 기획으로 만든 책은 다 잘 팔릴까요? 그것은 알 수 없습니다.
내용의 품질, 디자인, 마케팅, 판매 시기 등 다양한 요인이 작용하기 때문입니다.
기획은 잘 팔릴 가능성을 높이고 판매를 예측하게 해주는 지표를 만들어줄 뿐입니다.
반대로 기획을 철저히 하지 않고, 사전 공부도 많이 안 했지만
작가의 기본 실력과 감각만으로 멋진 작업물을 만들 수도 있습니다.
다만 그 단계를 굳이 초보 창작자인 상황에서 생각할 필요는 없는 것이겠죠.
또 어쩌다가 단번에 성공하는 것보다 더 중요한 것은
차곡차곡 실력을 쌓고 발전해 나가는 것이라고 생각합니다.

* 창작 레벨

초보 창작자들에게는 기획과 공부가 중요한 것은 잘 알겠지만
처음부터 전문적으로 접근하기에는 어려움이 생길 수 있습니다.
그래서 내 경험과 역량을 점검하여, 창작 레벨을 정해 보면 좋습니다.

초보 창작자라면 내 선에서 할 수 있는
기획을 마무리 짓고 창작을 완료해보는 경험을 통해
단계를 밟아가는 감각을 익히는 게 좋습니다.

	Lv. 1	Lv. 2	Lv. 3
대상	창작과 작품 활동이 거의 **처음**인 경우	창작 활동과 개인 공부를 **지속적**으로 하고 있던 경우	창작 활동과 개인 작업에 어느정도 **경험이 많은** 경우
집중	〈기획 25% + 창작 100%〉 할 수 있는 선에서 기획 창작을 위한 공부와 완성도에 집중	〈기획 50% + 창작 100%〉 객관적인 기획 능력 향상을 위해 공부와 발전에 집중	〈기획 100% + 창작 100%〉 기획과 창작에 전문적인 노력과 작업
목표	〈창작 완성의 힘 기르기〉 작은 창작(프로젝트)라도 한번 끝까지 완성해보는 힘을 기르는 것이 중요하다. 생각을 실체화하는 과정을 거쳐보면, 약점과 보완할 점들을 알 수 있다.	〈기획 발전해 나가기〉 기획 능력을 향상하기 위해 자기객관화와 비판을 한다. 기획을 점검하고 발전시키는데 공부를 통해 힘을 쏟아본다. 10번이고, 20번이고 새롭게 기획을 발전시켜도 된다.	〈상업적, 대중적 기획〉 창작 경험이 있다면 최대한 상업성을 갖춘 완성도 있는 멋진 작업물을 만드는데 집중한다. 꾸준한 자기계발로 전문 작가로 성장한다.
체크			
결심			

PART.1 〈기획〉
에세이를 알자!

STEP -01-	개념	에세이와 수필은 어떻게 다를까?
STEP -02-	구조	글이 전개되는 구조, 서론-본론-결론
STEP -03-	주제	잔잔한 글 속에 숨겨진 명확한 주제
STEP -04-	의미	내용의 의미화 작가의 철학 넣기
STEP -05-	독자	독자를 위한 책, 깊이있는 작가의 책임
STEP -06-	특징	주제의 대표적인 종류와 특징
STEP -07-	트렌드	주제를 빛나게 할, 시대 트렌드 파악하기
STEP -08-	컨셉	구매로 이어지는 스토리, 컨셉의 중요성
STEP -09-	방향	방향을 만드는 목적지, 서론과 결말
STEP -10-	목차	구조를 정리하는 매력적인 목차 기획

PART.1 〈기획〉- "에세이를 알자!"

01 에세이와 수필은 어떻게 다를까?
개념

* 에세이와 수필

대다수의 사람들에게 '에세이'는 익숙합니다.
하지만 '수필'을 말할 때면 고개를 갸우뚱합니다.
혹은 '에세이가 수필 아냐?'라고 막연히 생각을 하곤 합니다.
책을 읽기만 하는 독자라면 꼭 자세히 몰라도 괜찮습니다.
하지만 작가가 되고 싶다면 그 차이를 알고 글을 써야 합니다.
우선 에세이와 수필의 사전적 정의를 살펴봅시다.

에세이

> 개인의 상념을 자유롭게 표현하거나 한두가지 주제를 공식적 혹은 비공식적으로 논하는 비허구적 산문 양식. 에세이는 통상 일기·편지·감상문·기행문·소평론 등 광범위한 산문양식을 포괄하며, 모든 문학형식 가운데 가장 유연하고 융통성있는 것 가운데 하나이다.
>
> _「문학비평용어사전, 네이버 지식 백과」

수필

> 형식의 제약을 받지 않고 붓 가는 대로 쓴 글을 일컫는 말로 개인의 체험이나 경험, 사색, 감상을 적는 글이다. 한 개인이 쓰는 일기나 기행문, 감상문 등도 모두 수필로 볼 수 있으며 사회적·논리적·철학적 성격을 가진 소평론도 수필에 속한다.
>
> _「Basic 고교생을 위한 문학 용어사전, 네이버 지식 백과」

* 중수필과 경수필

사전적 정의로만 봐서는 아직 아리송합니다.
그런분들을 위해 오른쪽 표로 수필과 에세이를 정리해보았습니다.
우선 에세이와 수필이 아예 다른 분야는 아닙니다.
그래서 두 분야가 같다고 이해하는 경향이 있습니다.
수필은 글의 무게감에 따라 크게 중수필과 경수필로 나눠지고,
중수필이 전문 에세이 글의 형식으로 연결됩니다.
오늘날에 수필과 에세이의 경계가 모호해진 것은 있지만,
중점적인 특징은 잘 파악하고 넘어가도록 합니다.

수필

글의 한 종류. 일정한 형식을 따르지 않고 가볍게는 일상적인 일이나 무겁게는 사회적인 일에 대해 느낌이나 체험을 생각나는 대로(자유롭게) 쓰는 산문 형식의 글. 쓰는 사람의 경험과 내밀한 생각을 간접 체험할 수 있다는 장점이 있다. 크게 **사회적인 일이나 무언가 무거운 주제를 쓰는 중수필**과 **일상적인 일을 쓰는 경수필**로 나누어진다.

_「나무위키」

무거움 ←─────────────●─────────────→ 가벼움

중수필(formal essay)
지적(知的)·객관적·사회적·논리적 성격

경수필(informal essay)
감성적·주관적·개인적·정서적 특성

	중수필	경수필
주제	일정한 주제를 가지고 체계적인 논리 구조와 객관적인 관찰.	개인의 취향, 체험, 느낌 등 쉽게 표현 등 저자의 감성에 따라 자유롭게 쓰여짐.
문장	**무겁고 깊이 있는 느낌의 문장.** 논리적이고 논증적으로 주제를 형식에 맞게 전달.	**가볍고 쉬운 문장.** 개인의 삶의 경험에서 이끌어 내는 진솔한 경험이 문학 언어로 창작됨.
특징	사회적, 객관적 관심을 표현하며, 서술자인 **'나'는 겉으로 드러나지 않는** 경우가 대부분. 보편적 논리와 이성에 의존하며, 논리적이고 논증적인 진술이 드러나고, 지적이며 사색적인 특징.	사회적, 객관적 관심을 표현하며, 서술자인 **'나'는 겉으로 직접 드러나는** 경우가 대부분. 수필은 분명히 문학의 장르안에 속해있다. 문학 창작 기법을 지키며 예술성이 담겨야 수필로 인정.
참고	'베이컨적 수필'	'몽테뉴적 수필'
비고	**실제 에세이 특징** 형식 없는 글 = 자유로운 글 (X) '에세이'는 일정한 주제안에서 논리적인 구조와 구성이 있어야 한다. 에세이를 쓰고자 한다면, 글의 구조를 이해해야 하고 진지하게 글쓰기에 임해야 한다. 그러므로 에세이를 쓸 때 형식이 없다고 생각하기 말아야 한다. 또 작가의 감정을 풀어내는 글만을 에세이라고 보기 어렵다.	**사람들이 생각하는 에세이 특징** 가벼운 글 = 얕고, 쉽게 쓴 글 (X) 현대에 에세이를 쉽게(고민없이) 쓴 글이라고 이해하는 경우가 많은데, 실제로는 구조가 필요하다. 또 그렇다고 경수필을 가볍게 쓰여진 글이라고 이해해서는 안된다. '독자의 공감대가 높고, 읽기가 쉽다'의 의미와 함께 '문학적 예술성'이 들어가야 하는 글로 주로 문인들의 작품을 뜻한다.

에세이(essay)   ### 미셀러니(miscellany)

논리성 ←─────────────●─────────────→ 문학성

[전문 에세이]   [논리적이며, 문학성이 있도록]   [전문 미셀러니]

전문 에세이나 전문 수필 쓰기는 초보자에게 쉽지 않다.
에세이와 미셀러니 특징 중간으로 글을 써봄을 생각해본다.

에세이의 형식,
자유로운 글안에 숨은 구조

* 에세이에 구조가 필요하다

'내 책'을 쓰고 싶은 많은 예비 작가들은 '에세이' 쓰기를 희망합니다.
아무래도 저자의 생각·감정·경험이 중요한 소재이기 때문에
전문적인 내용을 써야 한다는 부담이 줄어듭니다.
그렇다고 단순히 생각난 대로 적는 글이라고 여기는 것은 비약입니다.
자유롭게 쓴 글 같아 보이지만, 에세이도 문학 작품에 속합니다.
규칙 없이 쓴 글 같아 보이지만, 그 안에는 형식이 존재합니다.

* 수필의 종류 알고 기획하기

구조안에서 글을 쓰기 위해서는, 구조를 이루는 형태를 알아야 합니다.
주제에 따라, 글의 분위기에 따라 나눠지는 수필의 종류를 알아봅시다.
내가 쓰고 싶은 글은 어느 부분인지 체크해봅니다.
그 다음 에세이와 미셀러니의 차이를 이해하였다면 구상을 시작합니다.

「글이란 생각과 느낌을 형상화한것인데
어떻게 형식이 없을 수 있겠는가.
'무형식의 형식'은 형식이 없다는 것이 아니라
형식이 다양하다는 것을 뜻한다.

수필을 쓴다는 것도 이와 다르지 않다.
작자는 많이 생각하고 힘들여 썼을지라도
독자에게 편안하고 자연스럽게 읽히는 글이 좋은 수필이다.
수필도 그 구성은 서두, 본문, 결미로 되어있지만
그 치밀한 짜임조차 독자가 느끼지 못할 정도로
자연스럽게 풀어 쓴다면 정말
'붓 가는 대로' 쓴 것처럼 보일 것이다.」

_〈수필 쓰기〉 中

* 주제에 따른 수필 종류

	개인 수필	비평 수필	사회 수필
시점	1인칭 주인공	1인칭 주인공 & 관찰자	전지적 / 1인칭
특징	개인의 경험을 조용히 관조하는 글	공동의 선을 위해 시비나 선악을 가리는 글	사회문제, 시사성을 담은 글
주의	개인적인 글을 쓴다고 해도 그 핵심 메시지에 작가의 철학, 의미화가 있어야 한다.	자신의 감정은 절제하고 독자에게 감정의 여운을 넘김. 작가가 흥분해서는 안된다.	시사성을 문예적으로 승화시켜야 한다. 문예성이 약하면 칼럼이 된다.
체크			

↳ 수필 (작자의 체험을 바탕으로 한 주관적인 성격)
: 사소한 일을 소재로 가볍게 쓴 글 / '나'가 겉으로 드러난다 / 개인적 감정과 정서가 중심 / 함축과 여운 / 가벼운 문장

* 글 분위기에 따른 수필 종류

	서정 수필	서사 수필	서간 수필
시점	개인적인 내용	사실(사건)에 충실	편지 형식
특징	부드럽고 따뜻한 표현	사건을 묘사 사실성을 살리는 글	실제 편지 내용 혹은 주고받은 편지
주의	너무 감성적이고 꾸밈이 지나친 겉멋에 집중한 글은 유치해질 수 있다. 담백한 문장 사용	사건을 기록하는데 그치는 글이 되면 안된다. 글에 정서가 담겨야 수필이 된다.	단순히 개인적인 내용은 의미화 부족. 보편적인 주제를 가지고 나눈 의견이 있어야 한다.
체크			

	해학 수필	기행 수필	철학 수필
시점	웃음을 주는 글	여행 경험 글	철학적 고찰
특징	풍자와 위트를 통해 글에 재미를 선사	체험, 감상, 여정 포인트 필수	사유의 깊이에 더 비중을 두는 글
주의	과장된 해학으로 글의 품격을 떨어뜨리면 안된다. 문장 표현에 신중을 요한다.	체험과 여정만 있으면 기행 수필이 될 수 없다. 여행을 통한 감상과 감동의 울림이 필요하다.	주제를 지나치게 강조하기 보다는 생각의 여운을 던져주는 것이 좋다.
체크			

02 글이 전개되는 구조
서론-본론-결론

* 모든 글에는 주제가 있다

모든 글에는 저자가 전하고 싶은 주제(메시지)가 있습니다.
에세이는 그 주제(철학)가 저자의 개인적인 경험을 통해 천천히 풀어집니다.
그렇다면 에세이에서 주제는 어떻게 글에 담길까요?
에세이는 인문이나 자기 계발서처럼 직접적으로 주제가 제시되지 않습니다.
보통은 저자의 경험과 일화 속에 메시지가 은은하게 담깁니다.
너무 대놓고 주제를 말하면 글이 촌스러워집니다.
이야기 전반적으로 담겨있는 작가의 철학을 통해
독자는 자연스럽게 작가의 생각과 감정을 전달받습니다.
만약 일정한 주제 없이 생각난 대로 감성적인 글을 쓰고 싶다면,
앞서 설명됐던 경수필 분야로 방향을 잡는 게 좋습니다.
하지만 경수필은 더 어렵습니다.
문학 '작품'을 쓰는 작업으로, 예술성과 문학성이 모두 들어가야 합니다.
연륜 있고 전문적인 문인이 되고 나서 도전해보는 게 좋습니다.

* 에세이의 기본 3단 구조

에세이 글의 구조는 크게 서론-본론-결론으로 전개됩니다.
이 3단 구조안에서 내용 특성에 따라 4단이나 5단으로 나눠질 수 있습니다.
중요한 점은 글의 〈처음, 중간, 끝〉을 '어떻게 표현해 나갈 것인가'입니다.
주제를 정한 후 이야기 구성 방식에 대해 고민해봅니다.

> 「어떤 내용을 먼저 이야기하고,
>   무엇을 나중에 이야기할 것인지에 따라,
>   상대방의 반응은 크게 좌우된다.
>   글을 잘 쓰는 사람은 문장을 잘 쓰는 사람일 수도 있지만,
>   글을 아주 잘 쓰는 사람은 틀림없이 구성을 잘하는 사람이다.」
>
>   _〈뻔하고 발랄한 에세이도 괜찮아〉 中

* 이야기 3단 구조

기획 실습

에세이의 3단 구성을 정리해봅시다.

	3단 구성 (기본적/논리적)	4단 구성 (반전/결말강조)	5단 구성 (서사적/사건 중심/플롯)
처음 (독자)	서론	기	발단
			전개
중간 (작가)	본론	승	위기
		전	절정
끝	결론	결	결말

	3단 구성 (기본적/논리적)	4단 구성 (반전/결말강조)	5단 구성 (서사적/사건 중심/플롯)
처음 (독자)	- 도입 내용은 짧고 빠르게 쓰여지도록 - 독자를 위한 공간, 독자의 입장에서 시작 - 독자의 관심을 이끌기 - 글의 전체적인 배경이나 이야기를 쓰게 된 이유 - 서술자의 현재 상황에서 접근		
중간 (작가)	- 작가가 말하고 싶은 이야기 - 결말로 잘 이끌어 가기 위해 짜임새 있는 구성 - 주제를 뒷 받침하는 메시지를 적절하게 반영 - 아이들의 흥미를 잡는 재밌는 이야기와 구성		
끝	- 결말은 가장 먼저 생각하기 - 주제를 희망적으로 풀어내기 - 풀어놓았던 사건과 문제 정리 - 작가와 독자의 감정 공유		

이야기의 구조안에서 스토리와 플롯을 고민합니다.
스토리란 시간 경과에 따라 흘러가는 이야기의 서술방식이고,
플롯이란 인과 관계에 따라 강조하고 싶은 순서로 보여주는 서술방식입니다.
잘 짜인 에세이의 구조는 드라마틱한 플롯이 작가의 의도로 숨겨져 있습니다.

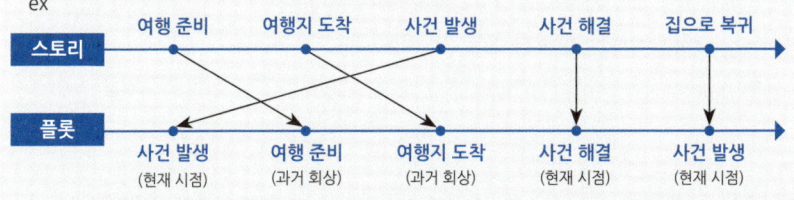

이야기의 긴장감과 재미를 극적으로 끌어올리기 위해 플롯을 적절히 섞이 구조를 짜봅니다.

03 잔잔한 글 속에 숨겨진 명확한 주제

주제

* 에세이의 주제 흐름

주제에 대해 좀 더 알아봅시다.
에세이의 3단 구조 안에서 주제를 어떻게 풀어가야 할까요?
주제의 정의를 다시 읽고, 서론-본론-결론에서 어떻게 이어지는 살펴봅시다.

주제

> 작가가 작품을 통해서 나타내려고 하는 중심 생각을 주제라고 한다. 주제는 작가가 세상을 어떻게 바라보고, 무엇을 가치 있게 여기는지에 대한 생각을 담고 있다. 작품에 따라 주제가 밖으로 드러나기도 하고, 감추어져 있는 경우도 있다.
>
> _「학습용어 개념사전, 네이버 지식 백과」

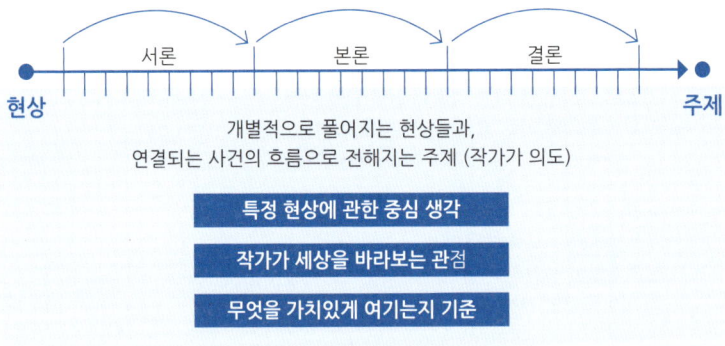

주제를 고민하고 정할 때, 풀어내고자 하는 '이야기'만 정하고 끝나지 않도록 합니다.
이야기는 말 그대로 주제를 풀어내는 흐름일 뿐입니다.
의미화되지 않은 이야기들은 알맹이 빠진 글이 되고 맙니다.
여러분이 만약 아래 [1] 번 같이 어떤 '사건이나 경험' 쓰기만을
주제로 잡고 있다면 [2] 번의 내용처럼 그 속에 어떤 의미를 넣을지 추가해봅니다.

ex
[1] 20살, 첫 여행을 다녀오며 겪었던 좌충우돌 사건들 → (주제 x)
[2] 홀로서기를 시작해야 시기, 어떻게 어른이 되어갈 것인지 → (숨겨진 주제)

* 주제 점검

다음은 글의 주제를 정할 때 점검해봐야 할 5가지 항목입니다.
본 내용을 잘 숙지한 후 나에게 알맞은 주제를 찾아나가봅시다.

[주제결정]
전하고 싶은 메시지를 명확하게 정리해야, 작가는 그 의도에 알맞은 내용을 마련할 수 있다.

[명확하게]
주제를 분명하게 해야 글이 산만해지지 않고 독자가 쉽게 읽을 수 있다.

[쓸수있는]
글 쓰는 사람이 쓸 수 있는 주제를 선택하며, 그 내용을 풀어낼 준비와 역량이 되야 한다.

[좁은범위]
주제의 범위가 명확하고 구체로 설정하여, 막연하고 추장적인 내용으로 가지 않는다.

[대중공감]
글을 읽는 독자들의 공감할 수 있는 주제와 내용으로 글을 써나가야 한다.

「막연하고 추상적 주제는 글을 재미없게 만든다.
여러 사람이 공감할 수 있는 주제어야 한다.
독창적인 내용이더라도 글쓴이 자신만의
독단적 생각이거나 대다수의 사람들이
인정할 수 없는 것이라면 좋은 주제라고 할 수 없다.
주제는 글 속의 내용을 하나로 모아 주는 구실을 하고,
글 속의 모든 내용은 주제를 뒷받침하는 것이어야 한다.」

_Basic 국어 용어사전

「주제라는 단어를 네이버 사전에서 검색하면 〈예술 작품에서 지은이가 나타내고자 하는 기본적인 사상〉이라고 나온다. 나타내고자 하는 기본적인 사상이 핵심이다. 예를 들어 우울증을 이겨낸 자전적인 에세이를 쓰고자 할 때, '우울증을 겪었던 상황'은 주제가 아니다. 단지 주제를 전하기 위한 배경 이야기일 뿐이다. 많은 분들이 이 이야기를 주제와 혼돈한다. 그러다 보면 내용이 명확해지지 않는다. 무엇을 말하고자 하는지 애매해진다. 주제는 책의 이야기를 통해 전달하는 메세지다. 독자에게 우울증을 이겨낸 과정으로 '무엇'을 말하고 싶은가? 이 '무엇'이 중요하다. 삶의 가치, 우울증의 증상들, 극복하는 방법 등 주제를 어떻게 정하는지에 따라 글의 접근이 달라진다. 주제는 긍정적인 메세지를 전달함이 좋다.」

소재는 어떻게
아이디어가 될 수 있을까?

* 소재를 주제로 바꾸는 힘

창작의 소재는 기본적으로 내가 관심 있는 분야여야 합니다.
일단 작가가 흥미 있고 재밌어야, 스스로 계속 창작을 끌고 갈 수 있습니다.
또 작가가 가장 잘 다룰 수 있는 내용이어야 합니다.
창작자 자신도 잘 모르는 세계를 만들어갈 수 없습니다.
이야기의 소재는 작가가 사랑하는 곳에서부터 찾아집니다.
이야기의 주제는 작가의 마음의 울림에서부터 발생합니다.

쓰고 싶은 내용, 전하고 싶은 메시지가
다양해서 고민이 있을 수 있습니다.
그런 경우 중심 주제와 소 주제를 나눠서 정합니다.
소 주제의 내용은 중심 주제를 보완하면서
더 풍성한 이야기가 되는 역할을 해줍니다.

주제마다 동일한 힘이 들어간다면,
말하고자 하는 바가 어수선해집니다.
책 쓰기는 생각나는 내용을 모두 적는 것이 아닙니다.
작가는 필요한 내용을 솎아낼 수 있어야 합니다.

* 아이디어와 주제

불현듯 아이디어가 떠오르는 경우가 있습니다.
떠오른 재밌는 생각의 소재들은 잊지 않도록 꼭 메모하는 습관을 가집니다.
처음부터 완벽한 기획이 다 갖추어진 아이디어는 떠오르지 않습니다.
날것의 발상을 계속해서 다듬어가며 멋진 형태로 만들어 나갑니다.
소재에서 짜임새 있는 아이디어를 뽑아내고 나면,
그 자체가 주제로 이어지게 됩니다.
그리고 기획을 통해 주제를 구체적으로 정리합니다.

* 소재를 발견하는 5가지 영역

소재 찾기에 감이 안잡히는 분들은 아래 5가지 영역안에서 한번 살펴보세요.

내가 좋아하는 것, 관심 분야안에서 찾아보기
동물, 식물, 음식, 여행 등 내가 좋아하는 것들을 알아볼까요?

내가 잘 알고 있는 것, 경험속에서 찾아보기
잊지 못할 경험이나, 자주 접하고 있는 일상은 무엇인가요?

마음의 감동안에서 전하고 싶은 메시지 발견하기
독자에게 보여주고 싶은 이미지나 메세지가 있나요?

대상에게 필요한 것이 무엇인지 고민하기
대상 독자가 어떤 요소를 가장 흥미롭게 생각할까요?

사회 문제를 비판하고 알리고 싶은 분야 찾기
이야기로 풀어내고 싶은 사회 문제나 사건이 있나요?

멋진 아이디어로 발전 시키는 힘

1 - 다양하게 관점을 바꿔 생각해보기

2 - 대상의 나이 눈높이에 맞춰 소재 바라보기

3 - 소재의 상황을 깊이 있게 관찰하고 들여다보기

창작을 위한 Insight 훈련

1 - <u>막히면 멈추기</u>

발상, 기획 설계 등을 하다가 더 이상 생각이 발전이 안될 때가 찾아올 수 있습니다. 그럴때는 생각을 멈추고 인사이트를 얻는게 필요합니다. 현재 내 머릿속에 든 내용만으로는 그 창작을 만들기에는 재료(소재)가 부족하다는 뜻입니다.

2 - <u>새로운 것 보기</u>

멈춘 뒤 '쉼'도 중요하지만, 동시에 새로운 두뇌에 활력을 불어 넣어주는게 좋습니다. 영감을 주는 요새 보기, 관련 분야 독서, 산책, 여행, 현상 관찰 등 창작에 도움되면서 '놀이가 되는' 활동을 해보세요.

3 - <u>즐겁게 임하기</u>

창작은 즐겁게 하는게 좋습니다. 즐기면서 하기 위해서는 그 주제에 대해 잘 알면 됩니다.

04 내용의 의미화
작가의 철학 넣기

의미

* **세상에 하나뿐인 작가의 글**

독자들이 감탄하고 다시 보고 싶은 에세이를 생각해봅시다.
그 책들은 어떤 특징과 차별점이 있는 걸까요?
주제나 소재가 색다르기에는 한계가 있습니다.
매력적인 문체도 모든 책이 확연히 다르기는 쉽지 않습니다.
좋은 에세이는 글을 읽고 나서 깊은 여운을 줍니다.
흐르는 이야기 안에서 전달되는 작가의 철학이
독자의 마음을 어느새 흠뻑 적시는 글입니다.
삶의 사색을 불러일으키는 감동을 자극하는 내용입니다.
작가를 꿈꾸는 사람이라면 누구나 이런 멋진 글을 쓰고 싶어 합니다.
경력과 연륜이 있을 때 전문가라고 칭하는 것처럼
멋진 글은 작가만의 깊은 삶의 성찰과 집요한 글쓰기에서 나옵니다.
우리는 모두 세상에 단 한 명밖에 없는 작가입니다.
내 글에서 가장 강점을 가져갈 수 있는 부분은
나만의 고유한 이야기, 그 작가만의 깊은 철학입니다.
특히 작가에 따라 좌우되는 에세이에서는 더욱 중요한 요소입니다.

「수필은 사건의 비망록이 아니다.
 비망록은 기록적인 가치에 중점을 두는 것이지만,
 수필은 그 기록성을 뛰어넘어야 한다.
 사건과 경험을 통해 얻게 된 생각,
 내용의 의미화 수필은 우리의 삶을 의미화하는 문학이다.
 작가는 글을 보여주고 들려주는데 그치지 않고,
 그것을 일반화시켜 독자를 공감의 장으로 유도한다.
 이 일반화 과정에서 작자는 자신의 생각과 철학을 개입시키게 된다.
 이것은 수필과 소설의 다른 점이다.」

_〈수필 쓰기〉 中

* 의미화의 두려움 벗어나기

초보 작가(글을 처음 쓰는 분) 일수록 나의 철학을 글에 담는걸 어려워합니다.
두려움과 부담이 찾아오기 때문입니다.

· '내 생각에 많은 분들이 공감하지 않으면 어쩌지?'
· '내 생각에 잘못된 부분이 있으면 어쩌지?'
· '아직 미숙한 게 많으니 괜히 나를 드러내지 말자.'

위는 제가 첫 책을 쓸 때 가졌던 걱정입니다.
내 생각을 제시한다는 게 부담이 되어 의미를 많이 덜어냈던 기억이 납니다.
표현에만 집중하게 되다 보니, 결과적으로 어딘가 맹맹한 책이 되었습니다.

내 생각과 가치관을 글에 녹이는 게 어렵고 부담돼도 연습해야 합니다.
작가가 요점을 모두 빼고, 어떻게 목적 없는 글을 전달할까요?
'감미롭고 감성적으로 적은 멋진 문장 좀 봐주세요.'식의 글이 되지 않도록 합니다.
생각을 풀어내는 글쓰기 연습과 좋은 에세이를 많이 읽으시길 권장합니다.
어차피 작가로 계속 성장할 목표라면, 꼭 필요한 일이니깐요.

그 이야기는 누구에게 무엇을 왜 전달하는 것입니까?
이 핵심 메시지가 없다면 대중성이 빠진 창작이 됩니다.
그 책을 독자가 읽어야 할 이유가 없기 때문입니다.

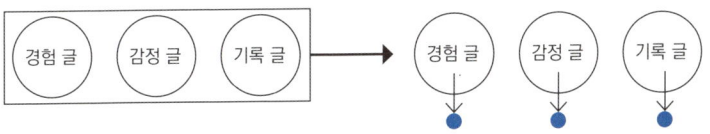

메시지 : ~을 통해 얻은 생각, 의미, 작가의 가치관과 철학

경험을 사실로 전달하고 그치면 보고서가 됩니다. 감정을 멋진 단어로 표현한 것에 만족하면 글에 겉치레만 붙습니다. 기록을 있는 그대로 전달하고 끝내면 일기에 머무를 뿐입니다. 위와 같은 이야기를 통해 '무엇을 전하고 있는가'가 내포돼야 합니다.

05 독자를 위한 책, 깊이있는 작가의 진심

독자

* 에세이 독자들은 무엇을 원할까?

많은 책쓰기 책에서 공통적으로 하는 말이 있습니다.
"독자를 위한 글을 써야 한다."
"독자가 있는 주제를 다뤄야 한다."
그렇다면 그 독자를 위한 글은 어떻게 써야 하는 게 맞을까요?
책은 대중들에게 판매되는 상품입니다.
독자를 설정하고 독자를 위한 내용을 고민하는 것은 당연히 중요합니다.
인문학이나 실용서적은 독자가 '어떤 내용을 필요하는가'에 집중하여,
관련 자료를 조사하고 연구하여 나온 결론을 전달하면 됩니다.
위와 같은 분야의 책은 독자의 특성을 탐구하고 반영할 필요가 있습니다.
하지만 에세이는 특정한 정보를 전달하는 책이 아닌 데서 차이가 있습니다.

에세이의 독자는 어떤 특성이 있을까요?
다시 말해서 독자가 에세이 책을 읽는 이유는 무엇일까요?
독자는 '실용적인 내용'보다는,
작가의 '경험과 철학'을 얻고 싶기 때문입니다.
이 때문에 에세이 쓰기는 독자를 위한 내용을
탐구해야 하는 몫의 부담이 적어집니다.
결과적으로 에세이에서 '독자를 위한 글'은
독자를 얼마나 계몽시키고 감동을 주는,
가치 있는 작가의 철학이 담겨있느냐 입니다.

* 독자의 이해

독자의 대한 사전적 정의를 한번 살펴봅시다.
아래 내용에서 눈여겨볼 문장은 '독자는 작가와 함께 창작하는 한 주축'입니다.
에세이가 '작가'의 관점에 초점을 맞춰 글을 써나가는 편이라고 해도
독자는 내 글의 문학적 현상을 가능케 하는 주체라는 사실을 잊으면 안됩니다.
내 글을 읽는 독자가 느끼는 감정과 영향에 작가는 책임감을 갖습니다.

> 독자는 작품, 작가, 세계와 함께 **문학을 이루는 한 주축**이 된다. 범박하게 말하면 독자는 작가에 의해 쓰여진 문학작품을 읽는 사람이다. 그러나 **독자가 없으면 작가도 존재할 수 없다는 점**에서 독자는 작가와 마찬가지로 **문학적 현상을 가능케 하는 한 주체**가 된다. 독자와 작가란 두 주체는 상호 의존적인 관계인 것이다.
>
> _「문학비평용어사전, 네이버 지식 백과」

* 나와 같은, 한 명의 독자에게

「책을 읽는 독자 한 사람을 구체적으로 설정해본다. 기획이 처음일수록 독자를 만능 열정맨으로 잡는 실수를 많이 범한다. 예를 들어 여행 서적이라고 했을 때 전연령대/남녀노소/국내·해외/다양한 여행 스타일을 모두 좋아하는 독자 등이다. 즉 여행이라는 큰 범주를 다 놓치고 싶지 않은 것이다. 범위가 클 수록 그중에 관심있는 한명은 독자가 되겠지 생각한다. 하지만 정확한 중심 없이 이도저도 아닌 책은 독자입장에서 매력이 떨어진다. 오히려 특정 타겟이 확실히 잡혀 있는 책에 호감이 간다. 자신과 관련없는 책 내용에 호기심이 생김과 동시에 언젠가 필요할지 모른다고 생각할 수 있다. 타겟이 좁을수록 주제와 내용 역시 명확하기 때문이다. 그렇다면 내가 쓰고 싶은 책의 독자를 현 시대를 살고 있는 실존 인물로 이제 상상해보자. 주변 지인을 대상을 잡아도 된다. 중요한 점은 내 책을 위한 만능 독자를 만들지 않는 것이다. 자, 이제 첫번째 질문에 답해보자. 나는 누구를 위해 책을 쓸 것인가?」

[나 = 독자]

나와 같은 고민, 나와 같은 경험을 하거나 할 예정인 누군가를 위한 글은
에세이 작가들이 가장 많이 담고 있는 쓰기의 목적이다.
누군가에게 메세지를 전하기 위해 쓰는 글에는 자연스럽게 작가의 철학이 담기게 된다.

[한 명의 독자]

광범위한 독자 대상은 애매한 주제의 책이 됩니다.
많은 독자의 환심을 사려고 했다가, 아무도 필요하지 않는 책을 만들면 안됩니다.
한 명의 독자에게 집중하여 깊이 있게 쓰고 만든 책이 비로소 그 가치가 퍼져나갑니다.

대상 독자에게 전달하게 되는
내용에 책임감을 갖자

*** 작가의 자세**

에세이가 작가의 입장에서 전하는 내용이 중요하다고
독자가 느끼는 감정을 배제하고 마음대로 집필해서는 안됩니다.
물론 출판된 책이 얼마나 판매될지는 모릅니다.
하지만 내 책을 읽는 독자가 설령 한 명일 지라도,
그 한 명에게 좋은 가치를 전할 수 있도록 글을 써야 합니다.

작가는 자신이 쓰는 내용에 책임감을 가져야 합니다.
잘못된 사실을 오보하지 않도록,
비 도덕적인 가치를 전하지 않도록,
비 윤리적인 기준으로 독자들을 선동하지 않도록 말입니다.

작가가 되고자 한다면,
올바르고 가치 있는 내용을 전하기 위해서
주제에 필요한 정보를 조사하고 공부해야 합니다.

*** 작가의 태도**

많은 사람들이 창작은 좋아하지만, 공부는 싫어합니다.
창작은 재밌지만, 공부는 어렵고 머리 아프기 때문이라고 합니다.
또 창작을 시작할 때는 즐겁지만, 중간에 포기가 많은 이유도 여기 있습니다.
막상 작업하다 보니 공부하고 발전해야 하는 스트레스를 받기 때문입니다.
배움의 고통 없이 재미만 추구하는 창작 활동은
독자에게 참된 가치를 전달할 수 없습니다.
고된 수고는 싫고, 멋진 결실만 얻기 원하는 태도라면
겉보기에 멋져 보이는 예술가라는 허영만 원하는 게 아닌지 돌아봐야 합니다.

현재 수준의 알을 깨고 나올 수 있는 끈기와 노력이 있을 때
비로소 한 단계 발전한 깊이 있는 창작자로 계속 성장할 수 있습니다.

* 6가지 주제 점검

내 글에 읽게 될 독자를 위하여 주제와 내용에 진정성을 담습니다.
독자에게 어떤 가치를 전하는지, 주제의 목적은 무엇인지,
얼마나 진정성 있게 내용을 전하는지, 잘못 된 사실을 전하지 않는지 등
다음 6가지 주제 점검 관점을 읽고, 멋진 글을 쓰도록 합니다.

주제의 가치

이 책을 읽게 되는 독자에게 참된 가치를 전달하도록 노력합니다.
글을 통해 말하려고 하는 주제의 가치가 작가의 입장에서 독단적인 객기가 아닌지
대중적인 심리와 사회적 요인을 잘 파악하면서 점검해야 합니다.

주제의 목적

독자에게 이 책이 어떤 목적으로 읽히게 될지 생각합니다.
주제의 성격에 따라 책이 독자에게 끼칠 영향이 어떨지 상상해보고,
독자에게 긍정적이고 좋은 작용이 될 수 있는 내용을 씁니다.

주제의 깊이

작가로서 진지한 태도로 공부하고 글을 쓰며,
그 깊이를 독자에게 고스란히 전할 수 있도록 합니다.
누구나 뻔히 다 아는 얕은 의미를 담은 책은 나중에 부끄러움으로 돌아옵니다.

내용의 오류

기본적으로 작성하는 내용에 오류가 없어야 합니다.
책이 인쇄되고 서점에 배포되고 나면 오류를 수정하기가 정말 힘듭니다.
잘못된 사실을 적거나, 법적으로 문제 될 소지가 없게 해야 합니다.

사회적 문제

전달하는 내용에 사회적 문제를 담고 있다면 더 신중하게 여러 입장을 조사합니다.
사회 이슈는 대중적으로 민감하게 받아들여질 입장이 많기 때문에,
문제 될 소지가 없는지 살피고 어떻게 중심을 잡을지 고려합니다.

도덕적 관점

도덕적으로 타당한 내용인지 고려합니다.
비 윤리적이고 비 도덕적인 가치관을 전달하지 않도록 합니다.
대상 독자의 연령대과 특성을 참고하여 올바른 주제를 전하기 위해 노력합니다.

06 주제의 대표적인 종류와 특징

특징

PART.1 〈기획〉- "에세이를 알자!"

* 작가와 독자가 감정으로 교류하는 분야

다른 분야에 비해 에세이 분야의 매력은
작가와 독자가 글을 통해 관계를 맺는다는 것입니다.
작가는 이미 자신의 삶과 생각을 책을 통해 나누었습니다.
그 책을 읽은 독자는 작가의 이야기를 들은 셈입니다.
독자는 직접 작가에게 답변할 수 없지만 사유할 수는 있습니다.
작가의 글에 동감하고 감동받은 폭이 큰 만큼 독자는 팬이 됩니다.
그렇게 독자는 작가와 일방적인 관계를 맺습니다.
관계의 형성은 사회적으로 소통하는 사람에게 중요한 작용을 합니다.
관계가 형성돼야 독자는 작가와 더 깊은 유대감을 가질 수 있습니다.
또 좋은 관계는 작가를 향한 충성도 높은 팬심이 생겨나게 합니다.

에세이 글의 핵심적인 특징은 '관계성'입니다.
책으로 작가와 독자의 교류가 일어나기 때문입니다.
교류는 작가로부터 독자에게 이르는 일방적인 흐름이지만,
독자는 글의 감동과 공감을 통해 '작가의 팬'으로 관계를 맺습니다.
우리가 타인과 대화를 통해 관계를 만드는 것 처럼
독자는 작가와 관계를 맺게됩니다.

* 자신의 필요를 채움받기 원한다

독자는 '작가의 아픔을 헤아리고, 위로하고, 도움을 주고 싶은'
목적으로 책을 읽는 경우는 거의 없습니다.
일방적으로 특정 메시지를 듣는 것을 허용하는 때는
내 안에 어떤 '필요'를 채움 받고 싶기 때문입니다.
그래서 에세이의 주제들이 관계와 감정으로 풀어지는 내용이 많습니다.
독자가 얻고 싶은 내용은 상처받은 마음에 도움이 되는
위로, 공감, 격려, 교훈, 성장 등의 메시지를 선호하게 됩니다.

* 독자들이 읽기 원하는 주제

다음으로 에세이에서 자주 전개되는 소재와 주제의 분류입니다.
대중들이 찾는 책의 특징을 살펴보면서
어떤 방향으로 의미를 전하고 싶을지 생각을 정리해봅시다.
보통 이야기의 소재는 한 개로 명확하게 정해지며,
관점과 분류는 더 중점적으로 풀어질 방향안에서 복합적으로 얽힐 수 있습니다.

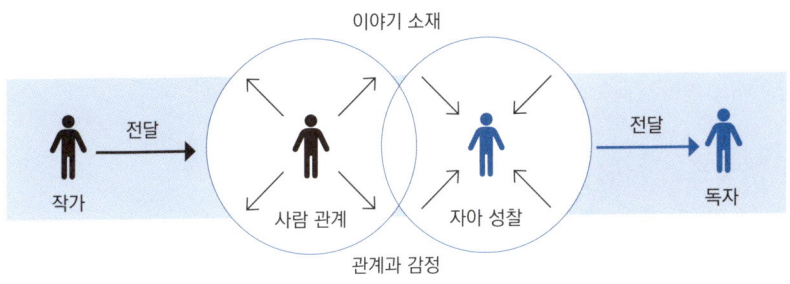

소재	관점	분류	내용
여행 일상 퇴사 일탈 결혼 심리 배움 죽음	감정	사랑	사랑은 어느 시대나 인기있는 주제다. 누구나 사랑을 하며 살아가기 때문에, 사람은 사랑에 관한 끝없는 모험과 배움을 한다.
		위로/공감	독자는 자신이 겪은 상황과 비슷한 경험을 한 저자의 이야기를 통해 한 층 더 지적인 위로와 공감을 받기 원한다.
		상처/치유	궁핍 상태일 때 필요를 채우기 위해 움직이듯이, 내면에 상처나 감정적인 결핍을 감성으로 채움받기 위해 책을 찾는다.
		자존감/성장	자존감 역시 사랑과 마찬가지로 끊임없이 이어지는 주제다. 사람은 누구나 자신을 더 알아가는 과정이기 때문이다.
	관계	나	자존감/성장과 연결된다. 자신을 돌아보며, 나를 알아가는 과정에 있는 분들은 내면을 탐구하게 해주는 책을 찾는다.
		타인	친구, 이웃, 학교, 회사 등 일반적인 인관 관계안에서 생기는 갈등과 어려움을 풀어내는 이야기들이 많이 등장한다.
		연인	사랑을 풀어내는 대표적인 관계이다. 작가의 숭고한 철학이 담긴 연인간의 사랑의 갈등과 해소 과정은 가장 강력한 글의 주제다.
		가족	가족 관계안에서 어려움을 겪는 사람들이 많아짐에 따라, 심리적으로 접근하여 고통을 해소하고 나아갈 방향을 모색한다.

07 주제를 빛나게 할, 시대 트렌드 파악하기

트렌드

PART.1 〈기획〉- "에세이를 알자!"

* **작가와 독자가 감정으로 교류하는 분야**

에세이는 트렌드에 영향을 많이 받는 분야입니다.
앞서 설명했듯 책을 읽는 독자의 '감정과 관계'에 주제가 맞춰지기 때문입니다.
출판할 시기에 보편적인 사람들이 영향 받는 사회적 흐름과
관심사의 변화가 무엇인지 파악하며 그에 맞춰 주제를 잡으면 좋습니다.

주기적으로 서점을 가봅시다.
가장 쉽게 출판 트렌드를 확인하는 방법은
베스트셀러·스테디셀러 매대를 살펴보는 일입니다.

일반 대중들이 어떤 주제와 내용에
흥미를 느끼고 있는지 알 수 있습니다.
또 중요한 사회 문제와 시대 흐름를 파악할 수 있습니다.
그렇다면 트렌드를 출판 기획에
녹아드는 방법은 무엇일까요?
대중 심리를 파악하는 것과 잇닿아 있습니다.

「지금은 어떤 책이 주로 나오고 있는가? 디자인, 주제, 내용은 어떤 공통 특징이 있는가? 대중들이 선호하는 특정 요소들과 결합된 시대상들이 만들어내는 짧은 문화는 트렌드를 만들어 간다. 책 역시 대중들이 읽는 콘텐츠인 만큼 트렌드에 영향을 받을 수밖에 없다. 트렌드는 한국을 넘어 전 세계적으로 변해가는 가치관이 반영되기도 한다. 이 영역은 '지금 무슨 일이 일어나고 있는가?' 에 대한 고민이다. 트렌드라는 것이 매우 단기간 지나치는 짧은 유행일 수 있고, 장기적으로 조금씩 변해가는 시대별 특성일 수 있다. 어느 부분에 어떻게 초점을 맞춰 볼지는 기획자의 판단이다. 이는 책의 내용뿐 아니라 독자 입장에서 심리, 소비, 생활 패턴의 변화에도 영향을 줄 수 있기 때문에 꾸준한 관심으로 현재 사회가 어떠한지 파악해보려는 노력이 필요하다. 요새 사람들(젊은 사람들)은 다양한 플랫폼에서 많은 콘텐츠와 정보를 빠르게 접한다. 그러다 보니 짧고, 일목요연하게 쓰인 글을 좋아한다. 여기에 한국인의 빨리빨리 성격도 한몫했다. 책에서도 이런 성격이 반영되고 있다. 단락과 문장은 짧아졌다. 핵심 내용을 간결하게 전하는 책들이 읽기 수월하다. 이런 부분들 역시 대중들이 심리를 알면 파악할 수 있다.」

* 트렌드를 찾는 질문

지난 몇 년 간 대중들의 인기를 얻었던 에세이의 대표작들을 떠올려봅시다.
어떤 주제들이 대표적으로 있었나요?
또 그 주제들은 어떻게 변화되어 갔나요?
에세이를 즐겨 읽는 독자라면 어렵지 않게 파악할 수 있습니다.
이러한 동향을 눈여겨보면서 앞으로 변화될 방향을 예측해봅니다.
트렌드 전문 도서를 읽으며 공부해나가는 것도 좋습니다.

그다음으로 아래 질문 예시를 참고하여
보다 적극적으로 내 주제에 영향을 주는 트렌드를 찾아봅시다.
첫 번째는 [책과 출판] 자체의 사람들의 반응이며
두 번째는 [주제] 안에서 접목할 수 있는 사회적 동향이며
세 번째는 [독자]를 사로잡을 대중들의 심리를 파악하는 일입니다.

공통 트렌드 파악
Q. 현재 사람들은 어떤 책을 좋아하나요?
Q. 현재 사람들은 어떤 책을 쉽게 잘 읽나요?
Q. 현재 서점에는 어떤 책들이 많이 나와 있나요?

특정 주제 트렌드 파악
Q. 해당 주제가 속해질 수 있는 가치관의 변화나 사회적 흐름이 있나요?
Q. 해당 주제가 속해질 수 있는 성.별 가치관의 변화가 있나요?
Q. 해당 주제가 속해질 수 있는 사람들의 관심사 변화가 있나요?

타깃 독자 연령대 트렌드 파악
Q. 내 책의 독자들의 연령대에서 형성되고 있는 문화가 있나요?
Q. 내 책의 독자들의 연령대에서 보편적으로 공감할 수 있는 소재가 있나요?
Q. 내 책의 독자들의 연령대에서 영향받는 사회적 문제나 가치관이 있나요?

↓

위 질문에서 답 할 수 있는 부분들을 기획에 접목시켜 매력적인 컨셉을 끌어내보세요.

PART.1 〈기획〉- "에세이를 알자!"

08 컨셉 | 구매로 이어지는 스토리, 컨셉의 중요성

*** 콘셉트는 왜 필요할까요?**

모든 책에는 나름의 의미와 교훈이 담겨 있습니다.
또 이야기가 풀어지는 크고 작은 사건과 갈등도 있습니다.
기획할 때, 주제의 방향만 정하고 만족하기는 부족합니다.
이러한 구성은 기본적인 설정이라고 생각하고,
그 위에 어떤 강점(콘셉트)을 돋보이게 할지 정해야 합니다.
콘셉트를 정하는 일은 매력 있는 책이 되기 위한 중요한 연출입니다.
콘셉트는 〈소재-주제-독자-트렌드〉를 하나의 모양으로 만드는 일입니다.
이 요소들로 가장 돋보이게 하는 '합'을 짠다고 생각합니다.

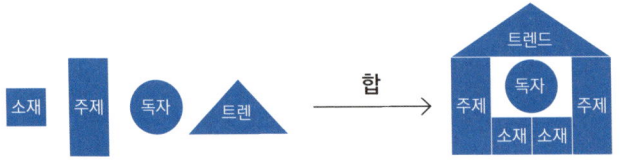

독자는 한 권의 책을 그냥 구매하지 않습니다.
그 책이 나에게 왜 필요한지를 생각한 후,
가격 대비 소장할 가치가 높다고 판단돼야 구매로 이어집니다.
즉 '이 책의 ~내용이 ~부분에서 ~해서 ~정도로 필요로 하다.'라는 내용이
콘셉트를 통해 충분히 설명되고, 대상을 설득할 수 있어야 합니다.
콘셉트는 제목, 목차, 홍보 문구, 디자인, 형태, 내용 등 책 자체로 드러납니다.

콘셉트는 궁극적으로 독자에게
그 책이 왜 필요한지 보여주는 요인입니다.
1차적으로 마케팅을 위해서이며,
2차적으로 주제의 성격을 강화시키기 위함입니다.
콘셉트를 잘 살펴보면 그 안에는 story가 담겨 있습니다.
대상에게 책의 매력을 이야기하고 있기 때문입니다.

* 당신의 이야기에는 어떤 컨셉이 있나요?

콘셉트는 무엇인지, 콘셉트를 어떻게 출판 기획에 연결해야 하는지
다음의 마케팅에서 정의하고 있는 개념들을 살펴보면서 이해해봅시다.
아래 콘셉트 개념 정리에서 의미를 깊게 생각해 볼 단어는
'약속', '이유', '모든 요소를 설명 및 묘사'입니다.
즉, 콘셉트는 편집자의 약속이자, 독자가 구매할 이유이며
두 내용을 충족시켜줄 책으로 드러낼 모든 요소를 통한 설명이 됩니다.
잘 정리된 콘셉트는 마케팅으로 곧바로 이어져 효과적인 홍보 전략이 됩니다.

콘셉트

> concept은 소비자의 충족되지 않은 needs를 특정 제품(서비스 포함)이 해결해줄 수 있다는 **약속**과 그 needs를 그 제품이 만족시켜 줄 수 있는 **이유**. 그리고 그 제품에 대한 소비자의 인식에 영향을 줄 수 있는 **모든 요소를 설명 및 묘사**해 놓은 것이다.
>
> _「학습용어 개념사전, 네이버 지식 백과」

컨셉의 포함 요소	좋은 컨셉의 요소
해결되어야 할 소비자의 need	의미있는 장점(매력)을 전달
제품이 need를 만족시키는 이유	부정적인 생각을 제거
제품 형태	뛰어난 제품을 제공
디자인 (미적요소)	성장하고 있는 시장 추세 반영
외적/기능적 요소	타제품에 비해 경쟁우위를 가짐
브랜드	긍정적으로 구축되어 있는 브랜드 이미지 이용
가격 및 기타 사항	돈을 지불할만한 가치가 있음

발전 방향

컨셉 확인 : **컨셉에 있어 가장 중요한 아이디어를 표현**
▼
출판 기획 : **소재, 주제, 아이디어, 내용 등 콘텐츠를 돋보이게 하는 글**

컨셉 확인 : **'그 제품이 나를 위해 무엇을 줄 것인가?'에 대한 대답**
▼
출판 기획 : **독자가 책을 읽고 '그 책에서 무엇을 얻을 수 있는가?'에 대한 대답**

컨셉 확인 : **제품의 약속에 대한 신뢰를 주는 부분**
▼
출판 기획 : **독자가 책 제목, 표지에서 얻은 기대감을 내용에서 충족하여 신뢰를 주는 부분**

컨셉 확인 : **타켓 소비자들이 불만을 느끼는 미충족욕구를 표현**
▼
출판 기획 : **독자가 원하고, 알고 싶어하는 정보 표현**

책의 필요 목적,
성격과 콘셉트 연결하기

* 분야별 책의 목적

책 분야에 따라 독자가 책을 읽는 목적이 달라집니다.
실용, 인문, 문학 이 세가지 분야를 한번 비교해봅시다.
실용 분야는 독자에게 필요한 정보를 효과적으로 전달해야 합니다.
인문 분야는 독자가 알고 싶어 하는 새로운 지식을 알차게 전달해야 합니다.
문학 분야는 독자가 느끼고 싶은 문학적 감성을 잘 표출해야 합니다.
해당 분야안에서 책들은 각각 다양한 주제들이 있지만,
기본적으로 위 내용은 공통적인 필요 목적으로 들어갑니다.

그렇다면 목적을 콘셉트와 연결시켜 반문해봅시다.
실용 분야가 내용의 신뢰성이 부족하게 느껴지는 콘셉트가 괜찮을까요?
인문 분야가 내용의 전문성이 부족하게 느껴지는 콘셉트가 괜찮을까요?
문학 분야가 내용의 문학성이 부족하게 느껴지는 콘셉트가 괜찮을까요?
이렇듯 기본적인 목적에 따라 보편적으로 지녀야 할 성격이 존재합니다.

「책은 읽는 사람에게 판매되는 상품이므로
 해당 독자가 원하는 기대치를 어느 정도 만족시켜줘야 한다.
 분야마다 책을 구입하는 동기가 조금씩 다르다.
 어떤 차이가 있는지 먼저 개요적으로 이해한 뒤
 나만의 독자 A를 계속 찾아가야 한다.」

_〈책쓰기와 출판코칭〉 中

* 책의 성격은 편집과 디자인으로 연결

책의 성격을 가장 시각적으로 보여지게 해주는 부분이 바로 '디자인'입니다.
색, 도형, 그래픽, 레이아웃, 제목 등 본문을 읽기 전에
눈에 보이는 요소들로 독자는 그 책의 분위기를 느끼게 됩니다.
그래서 책의 목적과 성격을 편집과 디자인에서도 드러나게 해야 합니다.
내용만 주제에 따라 맞추는 것이 아니라, 콘셉트 전체가 하나로 연결돼야 합니다.

* 필요형, 지식형, 감성형 독자

책의 존재 목적을 크게 3가지로 구분하고,
그 구분한 영역에 따라 독자군을 '필요형', '지식형', '감성형'으로 정리해보았습니다.
각 독자군에 알맞은 분야와 책의 특징을 이해해봅시다.
내가 쓰는 주제의 에세이는 과연 어느 독자 특성에 가까운지
대표 분야를 참고하여 파악하고, 기본적으로 갖출 콘셉트의 방향을 정리해봅시다.

	필요형 독자	지식형 독자	감성형 독자
대표 분야	실용서, 자기개발서, 정보, 가이드를 담은 책 등	인문학, 경제, 학술서 등	소설, 에세이, 시 등
구매	독자가 해당 책의 내용을 필요로 의해 구매	개인적인 취향과 책의 가치를 기준으로 구매	개인적인 취향과 책의 가치를 기준으로 구매
목적	특정 정보를 얻기 위한, 책을 읽는 목적이 명확함	지적 문화 생활을 영위하기 위한, 자기계발적 접근	감성적인 문학의 풍미를 느끼고, 여가시간의 유희를 위해서
전략	해당 독자층이 책을 통해 원하는 바가 무엇인지 정확히 파악하기 시장조사, 트렌드, 시기별 특성 등을 세부적으로 조사하기 독자층에 부합하는 사람들에게 인터뷰로 필요한 정보를 얻기	잠재적 필요형 독자로 해당 책이 언젠가 도움이 될 것임을 알리기 매력적인 기획과 콘텐츠 구성으로 독자의 시선을 잡을 수 있어야 함 표지 디자인과 마케팅을 통해 해당 책의 우수성을 돋보이게 함	매력적인 콘텐츠 기획으로 독자의 시선을 잡을 수 있어야 함 표지 디자인과 마케팅을 통해 해당 책의 우수성을 돋보이게 함 저자의 인지도와 팬층을 바탕으로 안정감 있게 홍보함
디자인	정보가 눈에 잘 들어오는 내용 편집 내용을 효과적으로 전하는 깔끔한 레이아웃 '내용 전달에 초점'	정보가 눈에 잘 들어오는 내용 편집 글을 잘 읽히게 하는 편안한 레이아웃 '독서 흐름에 초점'	의미가 잘 녹아든 쉬운 내용 편집 감성과 여운을 살리는 감각적이고 편안한 레이아웃 '감성과 예술에 초점'

○ '필요'를 자극하는 에세이 ○

'어, 이 책 지금 나에게 필요하겠다.'라고 고르는 책들이 있습니다. 저자의 경험과 메세지를 습득하여 적용하고 싶은 경우입니다. 보통 인간 관계나 삶의 방식을 말하는 주제가 많습니다.

무례한 사람에게 웃으며 대처하는 법

정문정 (저)

책 분석

제목에서부터 느껴지는 통쾌함이 이 책의 필요를 적극 드러내고 있습니다. 누구나 한번쯤 공감할 주제와 저자가 풀어내는 대처 방안이 독자의 마음을 사로잡은 책입니다. 딱딱한 자기계발서가 아니라 편안하게 읽을 수 있는 글로 풀어낸 것도 큰 장점입니다. 저자의 경험과 생각을 배워 적용하고 싶은 '필요'에 의해 독자는 이 책을 선택합니다.

오늘은 이만 좀 쉴게요

손힘찬(오가타 마리토) (저)

책 분석

『오늘은 이만 좀 쉴게요』는 인간관계와 자존감, 사랑, 인생에 관해 누구나 한 번쯤 고민해봤을 문제를 정면 돌파할 수 있는 실질적인 조언을 건네는 책입니다. 관계의 적당한 틀을 유지하면서도 상처받지 않는 거리를 확보하는 요령을 전수하고, 내면의 혼란 속에서 진짜 자신의 목소리에 귀 기울일 수 있는 구체적인 방안을 말하며 독자의 '필요'를 사로 잡습니다.

_〈스튜디오 오드리〉 책 소개 참조

○ '지성'을 자극하는 에세이 ○

쉽게 접할 수 없는 주제를 다루는 책은 전문성이 들어갑니다. 전문적인 내용에는 깊이가 담기고, 독자의 지적 호기심을 끌어 당깁니다.

우리, 이토록 작은 존재들을 위하여

샤샤 세이건 (저)

책 분석

천문학자 칼 세이건과 과학 저술가이자 TV쇼 제작자 앤 드루얀의 딸 사샤 세이건이 쓴 첫 책입니다. 칼 세이건은 인문 과학책 「코스모스」로 유명한 저자입니다. 이 책은 부모에게서 이어받은 과학적 사고의 뿌리와 극문학을 전공한 저자의 인문학적 통찰이 돋보이는 에세이입니다. 그만큼 내용에 전문성이 있습니다. 독자는 이 책을 통해 깊은 '지성'을 얻기를 기대합니다.

_〈문학동네〉 책 소개 참조

빅터 프랭클의 죽음의 수용소에서

빅터 프랭클 (저)

책 분석

20세기를 대표하는 사상가이자 정신 의학자인 빅터 프랭클의 자전적인 에세이입니다. 나치 강제 수용소에서 겪은 참혹한 고통을 건조하고 담담한 시선으로 전하고 있는 책입니다. 인간이 어떻게 고난을 극복하고 삶을 살아가야 하는지 방향을 제시하며, '인간다움이란 무엇인가, 삶의 의미란 무엇인가'에 대해 심리학적으로 접근하며 읽는 이에게 깊은 감동을 느끼게 합니다.

_〈청아 출판사〉 책 소개 참조

○ '감성'을 자극하는 에세이 1 ○

대표적인 에세이 분야 책들입니다. 감성을 자극하는 저자의 이야기를 풀어냅니다. 감성을 자극하는 에세이를 통해 독자는 위로와 공감, 자아성찰을 얻고 싶어합니다.

모래알만 한 진실이라도

박완서 (저)

책 분석

한국문학계에 한 획을 그은 소설가 '박완서'의 산문이 담겨 있는 책입니다. 박완서의 글은 솔직하면서도 부담스럽지 않고, 신랄한 비판의식 속에 본질은 따뜻합니다. 그녀의 삶 속 고백은 우리에게 큰 위로가 되어 줍니다. 글을 읽기만 하는데도 작가의 감정을 공유합니다. 하나의 주제를 깊게 조명하여 저자의 생각을 글로 풀어내는 산문은 독자의 '감성'을 자극합니다.

_〈세계사 출판사〉 책 소개 참조

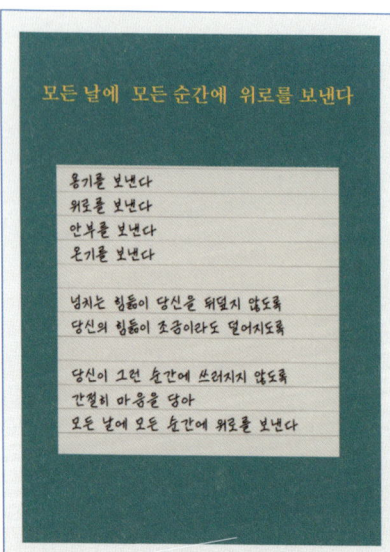

모든 날에 모든 순간에 위로를 보낸다

글배우 (저)

책 분석

이 책에서 저자는 자신이 직접 겪은, 힘든 시간을 지나기 위해 필요했던 따뜻한 말들과 불안했던 마음이 안도가 되었던 이야기를 당신에게 들려 줍니다. 앞으로 걸어나가야 할 삶에, 어느 순간에 놓여 있든, 어디에 있든, 힘들 때, 지칠 때 마음속 깊이 가장 듣고 싶었던 말을 꺼내는 책입니다. 읽기만 해도 위로 받는 이 책은 독자에게 따뜻한 '감성'을 전합니다.

_〈강한별 출판사〉 책 소개 참조

○ '감성'을 자극하는 에세이 2 ○

그림과 함께 풀어내는 에세이도 많이 있습니다. 부드러운 글과 따뜻한 그림은 궁합이 잘 맞습니다. 또 옛 향수를 불러 일으키는 감성 에세이들도 꾸준히 출판되고 있습니다.

나의 모든 밤은 너에게로 흐른다

제딧 (저)

책 분석

인기 일러스트레이터 제딧 작가의 그림 에세이 책입니다. 책은 사랑에 빠지는 그 섬세한 순간을 글과 그림으로 따뜻하고 아름답게 풀어냈습니다. 무엇보다도 제딧의 포근한 일러스트 그림이 이 책의 큰 매력입니다. 글을 떠나 멋진 그림만으로 독자는 충분히 소장가치를 느낍니다. 글과 그림이 한데 어우러져 예술적 낭만을 더하는 '감성'을 느끼게 해줍니다.

곰돌이 푸, 행복한 일은 매일 있어

곰돌이 푸 원작

책 분석

어린 시절 곰돌이 푸 만화를 보고 자란 세대가 이제는 어엿한 어른이 되었습니다. 이 책은 어린 시절 추억을 상기시키며, 따뜻한 동심안에서 다시 인생을 돌아보게 해줍니다. 내용은 짧고 가벼운 메세지가 주를 이룹니다. 만화 대사를 인용하는 문장들이 대부분입니다. 하지만 글과 함께 만화 장면 그대로 들어간 그림은 독자의 '감성'을 더 크게 자극합니다.

09 방향을 만드는 목적지, 서론과 결말

방향

* **글의 여정**

한 편의 글을 쓰는 것은 길을 떠나는 것과 비슷합니다.
아무리 짧은 여정이라도 출발지와 목적지가 있습니다.
목적지에 가는 저마다의 이유를 마음에 품고
교통, 거리, 시간, 동행자 등을 정하고 길을 나섭니다.
때로는 목적지를 정하지 않고 떠나는 여행도 있습니다.
이 경우는 방향보다 현재 도달하는 여정 그 자체에 많은 의미를 둡니다.

글 역시 똑같습니다. 주제 안에서 어떻게 시작하고, 어떻게 결론을 맺을지 출발점과 도달점이 있어야 독자는 그 이야기의 여정을 함께 떠날 수 있습니다.
작가 입장에서도 목적지가 정해져 있어야 방향을 잃지 않습니다.
이 목적지는 결과적으로 주제를 통해 말하고 싶은 요점입니다.
만약 결론을 정하지 않고 풀어내는 글을 쓰고자 할 경우,
글의 현재점에서 표현하는 한 문장, 한 단락마다 깊은 사유가 들어 있어야 합니다.

「결말을 가장 먼저 써야 하는 게 맞다.
 단, 손으로 쓰는 게 아니라 마음과 머리로 쓴다.
 결말을 생각하지 않고 글을 쓰는 건,
 마치 목적지가 없는 약도를 그리는 것과 같다.
 독자는 서론에서 결론으로 글을 읽어 나간다.
 그렇다면 결말은 글의 가장 안쪽이라고 말할 수 있다.

 특히 에세이의 경우, 이 흐름을 지키는 것이 중요하다.
 처음부터 끝까지 일관성을 유지하는 게 좋다.
 작가가 의도한 대로 내용과 형식을 만들고,
 모든 문장이 작가의 의도대로 작동해서
 결말까지 이어지는 것을 목표로 해야 한다.」

_〈뻔하고 발랄한 에세이도 괜찮아〉 中

* 서론과 결론 정리하기

결론을 정하는 것은 어렵지 않습니다.
앞에서 배웠던 글의 구조를 참고하여 풀어내고 싶은 이야기의 시작과 끝을 정합니다.
이때 결론을 직접적으로 드러내 의미를 그대로 노출하기보다,
에세이의 담백한 맛을 살리기 위해 여운과 함축을 고민해봅니다.
다음은 24p에 보였던 표에다 서론과 결론의 질문을 추가해 본 것입니다.

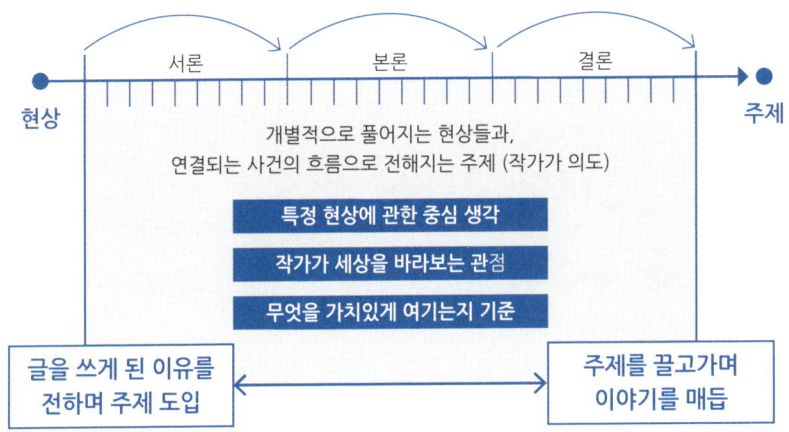

* 좋은 결말의 8가지 기준

다음은 이야기에서 좋은 결말을 만드는 8가지 관점입니다.
참고하여 내 결말을 어떻게 매끄럽게 도출해낼지 고민해봅니다.
물론 에세이가 소설과 같지 않아서 이야기의 결론을 명확하게 지을 수 없지만,
작가의 삶을 풀어낸다는 점에서 이야기의 요소가 담기기 때문입니다.

1. 저자의 숨은 의도와 결론을 쉽게 예상되지 않는 게 좋다.
2. 이야기에서 생성된 문제와 갈등은 해결되어야 한다.
3. 앞에 쓴 모든 사건과 내용은 결말과 이어진다.
4. 주인공, 혹은 글의 서술자는 어떤 식으로든 성장한다.
5. 등장하는 사건이나 글의 구조가 우연에 과도한 영향을 받지 않는다.
6. 결말은 최대한 군더더기 없이 깔끔하게 매듭을 짓는다.
7. 직접적으로 독자를 가르치려는 교훈이나 훈계는 필요 없다.
8. 결말에서 희망적인 분위기가 담기면 좋다.

PART.1 〈기획〉- "에세이를 알자!"

10 구조를 정리하는
목차 매력적인 목차 기획

* **목차를 위한 아이디어스토밍**

기획을 이해하면서 책의 중심 방향을 어느정도 정리되었다면,
본격적인 글을 쓰기 전 내용의 뼈대를 잡아 줄 목차를 설계합니다.
목차 기획은 지금까지 정리해온 글의 구조를 마무리하는 단계입니다.
앞선 내용에서 주제, 서론, 결론, 글의 방향 등을 정했습니다.
그다음 중심 흐름안에서 어떤 내용을 쓸지 구체적인 목록을 만들어봅시다.
아이디어스토밍을 통해 들어가면 좋을 내용과 소재들을 다양하게 꺼내고,
다시 추리고 정리하면서, 주제안에서 일련의 순서를 정리해나가는 것입니다.

처음부터 목차를 완성하는 것이 아닙니다. 초고를 쓰기 위한 큰 뼈대를 잡는 일입니다.
초고가 완성된 후 목차의 순서나 구성을 수정하거나.
처음에 적었던 소제목들을 더 멋진 문장으로 바꿀수 있습니다.
목차를 구성하는 방법은 그 범위를 점점 좁혀나간다고 생각하면 됩니다.
〈주제 - 장 - 소제목 - 소단락〉 순서입니다.

1. 장을 어떻게 나눌지 고민합니다.
2. 장 하위에 속한 소 제목을 어떻게 나눌지 고민합니다.
3. 소 제목에 속한 소 단락들이 있다면, 어떻게 나눌지 고민합니다.
4. (1~3)을 원고 초안을 쓰면서 점검하고 수정합니다.

「책을 쓰기 위해서는 내용의 구조를 먼저 잡는다. 이때 어떤 분들은 처음부터 목차를 아주 디테일하게 정하는데 시간을 많이 들인다. 초장부터 불필요한 진을 빼는 일이다. 원고의 내용이 모두 완성되지 않은 상태에서 목차를 완벽하게 정하는 일은 거의 불가능하다. 글을 쓰다 보면 추가적으로 넣어야 하는 내용이 생각나거나, 내용을 수정이나 변경하는 일이 계속 일어나기 때문이다. 일단 집필 시작을 위해 대략적인 목차를 잡고 글을 써 내려가면서 보완해나가는 편이 글쓰기에 속도를 높일 수 있다.
글을 쓰기 전 목차 기획은 내용의 중심을 잡는 일이다. 출판 기획에서 정한 주제를 서사적으로 도출하기 위해 마련하는 흐름이다. 서론-본론-결론의 형태로 진행된다. 어떤 맥락을 전하며 주제를 잘 전달할지 전체적인 구상이다. 그렇기 때문에 1차 목차를 잡을 때는 주제, 의도, 내용, 특징에 따라 초안을 그려나간다. 그 후 글을 쓰면서 구성과 방향이 괜찮은지 계속해서 점검해나간다. 원고의 90% 정도가 완성되면 이에 맞게 목차를 수정하여 다시 완성한다. 이때는 소제목의 문장도 매력적이게 작문한다. 몇 번의 검토 과정을 거치면 목차와 내용이 최종 완료되게 된다.」

* **직렬 목차와 병렬 목차**

내용 구성 방식에는 크게 직렬 목차와 병렬 목차로 나눌 수 있습니다.
먼저 책의 주제에 따라 쓰려고 하는 내용의 순서가
직렬과 병렬 중 어디에 더 적합한지 파악합니다.
그다음 정해진 구성에 따라 목차의 순서를 정리해나갑니다.

직렬 목차	병렬 목차
시간의 흐름이 있는 순차적 이야기 진행식	개별적인 내용 전달에 집중한 구조 나열식
연속성, 시간성, 인과관계의 특성이 더 강하다. 소설 같은 문학이 대표적인 예이다. 이 직렬방식에 해당하는 목차는 이야기 진행이 순차적으로 전개되는 만큼 흐름이 지루해지지 않도록 주의해야 한다. 기승전결을 잘 파악하여 장과 챕터 구성에 긴장감을 주어 독서의 호흡을 조절할 필요가 있다.	정보전달의 목적이 큰 책들의 경우 병렬 목차가 주를 이룬다. 하나의 큰 주제안에서 독자에게 내용을 보다 효과적으로 전달하기 위하여 카테고리를 나눈다. 병렬 목차는 장과 챕터의 위계가 중요하다. 구분된 구조의 특성이 동일해야 독자가 책을 읽을 때 더 명확한 목적을 얻을 수 있다.

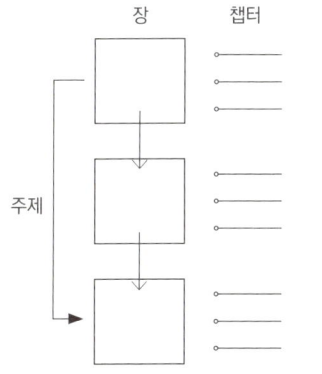

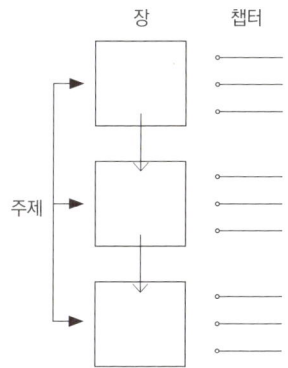

사람들은 마음에 드는 책을 발견하면 먼저 목차를 살핍니다.
자신이 원하는 내용이 들어있는지 확인하기 위해서입니다.
또 그 이상의 좋은 내용이 들어있는지 살피기 위해서입니다.
목차로 독자를 사로잡을 수 있다면 판매로 이어집니다.
독자를 사로잡는 목차의 2가지 중요 포인트를 기억합니다.
첫 번째는 〈구성과 맥락〉이고
두 번째는 〈목차의 문장〉입니다.
논리적인 구조와 감성적인 문장의 합이 시너지를 냅니다.

PART.2 〈창작〉
에세이를 쓰자!

"부끄럽지 않은 글이 되는 기본기 훈련"

STEP -11-	초고	첫 문장 쓰기
STEP -12-	초고	참신성
STEP -13-	초고	논리성
STEP -14-	초고	글의 구조
STEP -15-	초고	표현력
STEP -16-	초고	단어와 문장
STEP -17-	초고	글쓰기 노하우

| STEP -18- | 퇴고 | 퇴고에 얼마나 시간을 쏟고, 공을 들이나요? |
| STEP -19- | 퇴고 | 초고보다 중요한 퇴고, 4단계 방법 |

| STEP -20- | 탈고 | 더 나은 발전을 위한 피드백 듣기 |

실전 글쓰기를 도와주는
창작 워크북

완성하는 창작을 위하여.

　　에세이나 책쓰기에 관한 좋은 책들이 시중에 많이 출간되어 있다. 글쓰기에 관해 기본적으로 알면 좋을 내용부터, 각 책마다 장점이 돋보이는 특색있는 주제들이 눈에 띈다. 이미 유익하고 전문적인 작법서들이 많기 때문에 본 책자의 워크북 part.2 내용 구성에 고민이 있었다. '어떻게 구성해야, 초보자들이 책쓰기에 도움이 될 수 있을까? 창작의 단계를 발전할 수 있을까?'를 두고 다양한 방면으로 목차를 기획하고 수정해나갔다. 이 책을 집필하면서 자료를 찾기 위해 많은 글쓰기 책을 읽었다. 그때 느꼈던 점은, 책마다 좋은 내용이 너무 많이 들어있다는 것이였다. 읽을때는 감탄하면서 밑줄 치면서 눈여겨 보지만, 막상 글을 쓸 때면 잘 생각이 나지 않았다. 물론 반복적으로 책을 읽으면 기억에 오래 남는 공부가 될것이다. 하지만 초보 창작자들에게는 알아서 적용하는게 쉽지 않으리라 생각됐다. 그래서 본 책의 성격을 창작 워크북으로 잡았다. 창작의 열망이 큰 분들에게 실질적인 도움을 드리는 책을 만들고 싶은 바램이다. 물론 워크북이라고 해도 글쓰기 실행의 몫은 결국 독자에게 달렸지만 말이다. 어쨌든 이러한 이유로 창작의 '행동' 단계에 초점을 맞췄다. 이 책이 조금이라도 글쓰기 단계를 이끌어주는 도움이 되길 희망한다.

　　part.1은 '기획'에 관한 내용이였다. 많은 분들이 기획을 가볍게 다루고 창작에 뛰어든다. 기획은 머리 아프고, 창작은 재밌다고 여기기 때문이다. 왜일까? 기획은 내 머릿속에 들어있는 정보만으로는 부족하다. 인사이트를 얻고, 공부와 조사가 필요하다. 때에 따라 깊이 있는 배움의 시간이 되기도 하다. 새로운 것을 얻기 위한 공부가 스트레스 없이 편할리 만무하다. 반대로 당장 창작 활동을 하는 것은 현재 머릿속에 있는 정보들로 시작할 수 있다. 공부 단계가 생략되니 머리가 덜 아프다. 하지만 기초가 부실한 집 짓기는 문제가 발생한다. 기획에 노고를 들이지 않는 창작은 딱 초반 까지만 재밌다. 본격적으로 창작이나 글쓰기를 진행하기 시작하면 어려움이 찾아온다. 고민에 고민만 거듭하다가 어느새 글쓰기는 멈춰지는 게 부지기수다.
　'이렇게 계속 써도 될까?'
　'내가 전하고 싶은게 뭐였지?'
　이러한 생각이 찾아오면서 중심이 흔들리기 시작하고 불안함이 찾아온다. 한 번 잃은 방향은 창작을 완수하지 못하게 하는 큰 장애물이 된다. 목적을 놓쳤기 때문이다. 〈누구에게, 무엇을, 왜, 어떻게, 얼마나〉이 내용을 전해야 하는지 이유가 막연해진다. part.1에서는 이러한 중심을 찾아갈 수 있도록 다양한 관점으로 기획을 점검하고 설계할 수 있도록 내용을 만들었다. 해당 내용들을 꼭 모두 적용해야 하는 것이 아니다. 어떻게 생각을 구체화하는지 배우고, 도움되는 부분들을 참고하여 기획하면 된다. 당연히 기획하는 과정은 개인마다 다르다. 어떤 분들은 하루에 끝낼 수도, 어떤 분들은 1주일이 걸릴지도 모른다. 내 창작에 필요한 알맞는 시간을 공들여야 준비하면 된다. 무엇보다도 처음부터 대중성이 높은 좋은 기획을 단번에 잘 만들기는 어렵다. 많은 책을 읽고, 계속 출판 기획을 시도하면서 통찰력을 높여야 한다. 그러니 처음부터 완벽한 기획을 하려고 하기 보다, 최선의 공부로 멋진 아이디어를 설계해보는 일이 중요하다. 또 기획이 중요하다고 고민만 하다가는 지쳐버릴 수 있다. 창작의 단계를 상승하기 위해서는, 언제나 노력 다음의 결단과 도전이 필요하다.

　이제 part.2에서는 글쓰기에 초점을 잡는다. 에세이 글쓰기 과정은 명확한 단계는 없다. 단순히 요약하면 (기획-글쓰기-완성)이 끝이다. 어떻게 기획하고, 어떻게 글쓰냐는 작가의 역량에 좌우된다. 그래서 에세이 쓰기를 안내하는 다른 책들도 자기계발적인 내용이 많다. 작가적 소양이나, 보편적인 글쓰기 팁들이 그러하다. part.2 내용을 최대한 글쓰기 흐름에 맞춰 구성했다. 초고→퇴고→탈고의 순서를 가지고, 글을 쓸 때 도움되는 내용이다. 이 워크북의 목적은 창작의 각 단계마다 핵심적인 내용을 간결하게 전하는데 초점을 두었다. 그러니 다른 전문적인 작법서와 함께 공부하면서 창작을 진행해보는 것도 좋다.

창작 단계별 과정과 공부 목표

여기에 제시하는 공부 목표와 창작 스케줄을 참고하여 나만의 창작 과정 계획을 정해 봅니다.

공부 방법 1 - 분석

많은 에세이를 읽어보고, 분위기와 내용이 마음에 드는 책들을 선정하여 분석해봅니다.

책 선정 : 선정한 책을 고른 이유를 생각하며 기본적인 감상평을 남겨봅시다.
- 이 책이 좋은(인기있는) 이유는 무엇일까?
- 이 책이 안 좋은(인기없는) 이유는 무엇일까?
- 이 책의 주제안에서 던지고 핵심 질문(메시지)를 찾아봅시다.
- 이 책의 장, 단점과 함께 종합 감상평을 남겨봅시다.

- **(1) 책 분석**
  : 책 그 자체로 어떤 매력이 있는지 발견하고 생각해보는 방향입니다.

- **(2) 구성 분석**
  : 기획, 쓰기, 연출 등 그림책 자체에서 가장 중요한 분석입니다.

- **(3) 글 분석**
  : 글을 어떻게 전달하고 있는지 '흐름과 맥락'에 초점을 두고 문장을 분석합니다.

공부 방법 2 - 필사

많은 책들에서 글쓰기 실력 향상을 위해 '필사'를 권장합니다.
필사로 작문 공부를 할 수 있고, 좋은 문체를 습득할 수 있기 때문입니다.
에세이 쓰기에서도 필사는 중요합니다.
저는 손 글씨 필사보다는 '텍스트'로 글을 쓰고 문서 형태로 저장하는 걸 선호합니다.
나만의 문장 노트를 만드는데 용이하며, 깔끔하게 문서를 정리할 수 있기 때문입니다.
또 발췌문이 필요할 때 문장을 쉽게 찾을 수 있습니다.
필사할 때 얼마나 집중하여 문장과 단락을 깊게 관찰하느냐가 중요합니다.
손글씨냐 텍스트냐는 필사의 수단일 뿐입니다.
글 필사 외에도 그림을 따라 그려보는 공부도 있습니다.
스케치나 채색을 똑같이 베끼기 위한 작업이 아닙니다.
해당 이야기를 풀기 위해 작가는 어떤 구조와 장면을 고민했는지 관찰하며
그 작업을 한번 따라하면서 표현 방식을 배우는 목적입니다.

1 단계	에세이 구상·기획
작업	어떤 에세이를 쓸지 머릿속에 떠오르는 아이디어를 구체화하기
내용	아이디어를 다양한 관점에서 살펴보고 정리하기
공부	- 다양한 에세이 읽기 or 찾아보기 - 현재 대중들이 반응하는 주제나 트렌드 알아보기 - 마음에 드는 에세이 or 좋은 문장 필사하기
목표	년/ 월/ 일 ~ 년/ 월/ 일

2 단계	자료 조사
작업	에세이 주제에 따라 필요한 내용 조사하기
내용	내용의 깊이를 더하기 위해서는 배경 사건이나 인물 심리 등을 조사하고 공부하기
공부	- 다양한 에세이 읽기 or 찾아보기 - 집필하고자 하는 내용에서 사회문제·사건·시대 배경 등이 등장하는 이야기는 자료 조사 - 집필하고자 하는 내용에서 인물의 심층적인 내면을 풀어내고자 하는 부분 조사
목표	년/ 월/ 일 ~ 년/ 월/ 일

3 단계	원고 쓰기
작업	정리된 내용을 바탕으로 빠르게 초고 집필하기
내용	장기간 걸리는 작업만큼 오랫동안 끈기 있게 창작에 집중하기
공부	- 원고 집필 전 글쓰기 완련 작법서를 많이 읽고 공부하기 - 에세이에 대한 개념과 특징 이해하고 글쓰기
목표	년/ 월/ 일 ~ 년/ 월/ 일

4 단계	퇴고 및 마무리
작업	1차 완성 이후 최종 마무리까지 집중력을 잃지 말기
내용	초고를 탈고하기 까지 조급하지 않게 작업을 마무리 해 나가기
공부	- 교정·교열·윤문 등 문장과 글을 다듬는 방법 공부하기 - 잠시 쉼을 갖고 머리 식히기, 다른 에세이 책 읽어보기 - 반복적인 퇴고에 정성 들여 좋은 문장으로 다듬어질 수 있게 노력하기
목표	년/ 월/ 일 ~ 년/ 월/ 일

11 "부끄럽지 않는 글이 되는 기본기 훈련"
: 첫 문장 쓰기

PART.2 〈창작〉- "에세이를 쓰자!"

초고

∗ 생각의 실체 만들기

이제 본격적으로 글쓰기를 시작해 보도록 합시다.
부담 가질 필요 없이 편안한 마음으로 준비합니다.
초보 작가일수록 첫 문장을 적기가 쉽지 않습니다.
'이렇게 시작하면 될까? 더 좋은 여는 문장 없나?'
등 머릿속에서 많은 생각이 스치기 때문입니다.
고민은 필요하지만, 고민에서 맴돈다면 앞으로 나갈 수 없습니다.
초고를 완성작이라고 생각하지 않아야 부담을 줄일 수 있습니다.
초고는 머릿속에 떠돌았던 생각들을 글로 정리하는 단계입니다.
그다음 퇴고 과정을 통해 처음 쓴 글은 다듬어져 나갈 것입니다.
물론 처음부터 좋은 문장을 쓸 수 있다면, 퇴고 과정이 수월합니다.
하지만 더 중요한 것은 일단 시작한 작업을 마무리해보는 일입니다.

글쓰기 진도가 나가지 않는다면, 자꾸 구상에서 멈춰진다면,
오른쪽 내용을 읽고 글쓰기 준비를 끝내봅시다.
혹은 다양한 작법서를 참고하여 더 공부하는 시간을 가져도 좋습니다.

「초고는 빨리 작성하는 것이 좋다.
　전체 모양을 갖춘 초고가 있어야
　본격적인 퇴고 작업을 시작할 수 있기 때문이다.
　머릿속에서 예상한 모습과 구체적인
　초고 간에는 늘 간극이 있기 마련이고
　이 간극을 메워가면서 글을 바뀌게 된다.
　윌리엄 진서는 글 수정의 중요성을 다음과 같이 표현했다.
"글쓰기가 단번에 완성되는 '생산품'이 아니라 점점 발전해가는
'과정'이라는 것을 이해하기 전까지는 글을 잘 쓸 수 없다."」

_〈생각은 어떻게 글이 되는가〉 中

▶ 초고는 일단 빠르게 적어 나가자

초고를 일단 빠르게 완성하는 것이 좋습니다. 글이 한번 완성돼야 작가는 성취감을 얻고, 그 성취감을 원동력 삼아 다시 퇴고에 힘을 쏟을 수 있습니다. 창작은 대가 확실히 보장되지 않은 일입니다. 간절한 열정마저도 조금씩 소멸됩니다. 초고 쓰기 너무 오랜 시간 머리를 싸매다간 지처버릴 수 있는 위험이 생깁니다. 이로써 자신감은 떨어지고 창작을 중단하는 일들도 많습니다. 다음 단계로 계속 나아가기 위해서, 먼저 현재 발판을 올라서는 일이 필요합니다.

실습 01 : 일단 자리에 앉아 첫 문장, 첫 문단, 첫 페이지를 써 내려가 봅시다. 이야기가 시작됩니다.

▶ 공부하고 조사한 내용을 융합하자

글에 어떤 내용을 넣으시나요? 에세이니깐 당연히 작가의 경험과 생각만으로 글을 쓰면 될까요? 반만 맞습니다. 작가의 개인적인 이야기는 소재의 한계가 있습니다. 직접 글을 쓰다 보면 절실하게 느껴지실 것입니다. 작가도 독자도 더 전문적인 내용을 원하는 지적인 갈증이 있습니다. 요새 독자들은 수준이 높습니다. 주제와 연관된 범위 안에서 사회, 경제, 전문 지식, 통계, 연구, 위인들의 자료를 찾고 공부하여 글에 알맞게 녹여내시면 좋습니다.

실습 02 : 자료 조사한 내용들을 이야기 흐름에 언제 어떻게 녹여낼지 마인드맵을 그려봅시다.

▶ 글의 주제와 분위기를 생각하며 문체를 드러내자

작가마다 문체가 있습니다. 혹은 동일한 작가라도 어떤 주제와 분야에서 집필하는지에 따라 분위기가 바뀝니다. 에세이라고 해서 꼭 잔잔하게 써야 하는 법은 없습니다. 어떤 책은 날카로운 비평이 많아 가려운 곳을 긁어주는 것 같고, 어떤 책은 따뜻한 위로를 얻을 수 있습니다. 우선은 주제와 글의 방향을 생각하고 정해봅시다. 가장 기본적으로 구어체, 문어체, 격식체, 발표체 중에서 선택할 수 있습니다. (*각 문체에 대한 설명은 뒷장)

실습 03 : 주제 분위기에 잘 어울리도록 글을 풀어낼 수 있는 중심 문체를 정해봅시다.

▶ 일단은 쉽고 간결하게 쓰는 연습하자

대부분의 글쓰기 책에서 공통적으로 전하는 내용입니다. '단문장으로 쓰자. 간결하게 쓰자. 하나의 문장에 하나의 의미만 넣자.'등입니다. 이때 '긴 문장으로 잘 쓰인 책도 있는데?'라는 반문이 일 수 있습니다. 하지만 그 책들의 작가는 분명 내공을 많이 다지셨을 것입니다. 실력의 향상에도 단계가 있습니다. 글쓰기 초보라면 일단 간결하게 쓰기 시작합니다. 말이 안 되는 긴 문장을 쓰는 것보다, 올바른 의미를 전달하는 단 문장을 만드는 연습이 먼저입니다.

실습 04 : 글쓰기 초보자라면 긴 문장보다는 단 문장이 더 많게 써나가는 연습을 합니다.

문체에 대해 개념적으로 알아보고, 내 책에서 어떻게 글을 써나갈지 정해봅시다.
다음 내용들은 〈중학생이 즐겨찾는 국어 개념 교과서〉의 개념과 예시를 참고하여 정리하였습니다.

문체

> "글은 곧 사람이다"라는 유명한 말에서 정의되는 유형의 문체, 즉 언어 사용자 성격의 발로로서 문장이 가지는 개성이다. 문체론에 의하여 취급되는 문체는 주로 이러한 의미의 문체이다. 개인을 초월하여 어떤 언어에나 있을 수 있는 시대적인 문체라든지 또는 다른 언어에 대하여 어떤 특정 언어의 문체를 논의의 대상으로 삼는 경우가 있는데, 이러한 경우는 시대·국민 또는 민족의 성격·시대정신·국민정신·민족심리의 발로로서 문장이 가지는 개성이다.
>
> _「두산백과」

> 수필은 글쓴이의 개성이 듬뿍 담겨 있는 글이라고 했어. 구체적으로 어디에서 드러날까? 바로 문장에서 드러나. 그래서 문장의 특색이나 길이, 리듬, 속도, 표현법, 낱말의 선택 등을 유심히 보면 글쓴이의 개성을 느낄 수 있어. 이처럼 문장의 개성적 특색을 문체라고 해. 우리말로 '글투'라고도 하지. 우리가 말을 할 때도 사람마다 특징적인 말투가 있는 것처럼, 글도 글쓴이 특유의 글투가 있는 거란다. 문체는 문장의 특색이므로 수필, 소설 등 문장을 나열하여 줄글로 쓰는 모든 글에서 드러나.
> 문장의 길이에 따라 간결체와 만연체로 나눌 수 있고, 부드러운가 강한가의 힘에 따라 우유체와 강건체, 꾸미는 말이 적은가 많은가에 따라 건조체와 화려체로 나눌 수 있어.
>
> _「중학생이 즐겨찾는 국어 개념 교과서」

※ 기본적인 문체의 종류

① 길이에 따라 **간결체·만연체**

② 글의 느낌(剛柔)에 따라 **강건체·우유체(優柔體)**

③ 수식의 유무에 따라 **화려체·건조체(乾燥體)**

④ 문법·어휘의 특징상으로 보아 **구어체·문어체**

글의 '길이'에 따라	
간결체	만연체
문장을 짧고 간결하다. 내용이 간단명료하게 축약되어 있다보니 상세하게 설명되는 편이 아니다. 생략과 압축된 문장을 통해 독자는 상상속에서 여운을 느낄 수 있다.	문장을 길게 쓴다. 문장 안에 주저와 서술어 그리고 꾸미는 말들이 많이 들어 있는 것이다. 혹은 두 문장이 접속사로 이어진다. 보통 단 문장은 (주어-서술어) 하나씩 들어 있는 구조다.
청춘의 피는 끓는다. 끓는 피에 뛰노는 심장은 거선의 기관같이 힘 있다. 이것이다. 인류의 역사를 꾸며 내려온 동력은 꼭 이것이다. 민태원, 〈청춘예찬〉	동지 설상 삼척 냉돌에 변변치도 못한 이부자리를 깔고 누웠으니, 사뭇 뼈가 저려 올라오고 다리 팔 마디에서 오도독 소리가 나도록 온몸이 곧아 오는 판에/ 이희승, 〈딸깍발이〉

글의 '느낌'에 따라

강건체	우유체
강건체는 이름에서 알 수 있듯이 문체에서 강함이 느껴집니다. 때로는 직설적이고 직접적으로 메세지를 전달하며, 그에 따라 짙은 호소력과 호탕함이 있습니다.	'우유체'에서 '우(優)'는 넉넉하다는 뜻이고, '유(柔)'는 부드럽고 약하다는 뜻입니다. 문장이 부드럽고 순한 문체입니다. 감성적인 표현을 적절하게 섞어서 우아하게 풀어냅니다.
우리는 이 황금 시대의 가치를 충분히 발휘하기 위하여, 이 황금 시대를 영원히 붙잡아 두기 위하여, 힘차게 노래하며 힘차게 약동하자! 민태원, 〈청춘예찬〉	우리가 수목에서 받는 이 형언할 수 없는 그윽한 기쁨과 즐거움과 위안과, 그리고 마음의 안정은 어디서 연유하여 오는 것일까? 김동리, 〈수목송〉

'수식'의 유무에 따라

화려체	건조체
표현에 힘을 주어 문장 자체를 화려하게 풀어내는 글쓰기입니다. 비유를 많이 주고, 문장에 리듬이 있습니다. 우유체에서 돋보이는 꾸밈 표현이 많아지면, 화려체가 됩니다.	문장에 군더더기나 표현어를 많이 빼고, 최대한 건조하게 글을 씁니다. 필요한 말만 담담하게 전합니다. 간결체와는 다른 것은 간결한 문장 속에 함축적인 의미의 깊이가 있다는 점입니다.
우리 눈이 그것을 보는 때에 우리의 귀는 생의 찬미를 듣는다. 그것은 웅대한 관현악이며, 미묘한 교향악이다. 뼈 끝에 스며들어가는 열락의 소리다. 민태원, 〈청춘예찬〉	딸이 성장하여 시집 갈 나이가 되고 혼례를 치를 날을 받으면, 십수 년간 자란 이 내나무를 잘라 농짝이나 반닫이 등 가구를 만들어 주었다. 이규태, 〈내나무〉

하나의 글에서 (간결체, 만연체, 강건체, 우유체, 화려체, 건조체)가 모두 등장할 수 있다.
단 어떤 문체를 비중있게 사용하느냐에 따라 글의 분위기가 달라진다.

'문장'의 특징에 따라

구어체	문어체
말에서 주로 사용하는 표현을 구어, 구어체 또는 입말이라고 한다.	글에서 주로 사용하는 표현을 문어, 문어체 또는 글말이라고 한다.
일상 회화에서 접할 수 있는 말투를 글로 옮긴 경우를 가리킨다고 할 수 있다. 소설, 희곡, 신문기사의 문장에 이런 문체가 많다. 독자에게 직접 말하는 것 같은 친근한 느낌을 준다.	공식적이고 객관적인 글은 대부분 문어체로 쓰여졌다. 구어체로 쓰여지지 않는 대부분의 책들이 문어체다. 작가의 개인적이고 감정 표출에 제한이 있다.
구어체는 대화를 하는 경우가 많기 때문에 듣는 사람을 위한 높임법이나 반말을 사용한다.	문어체는 작가가 혼자 풀어내는 글이기 때문에 높임법을 사용하지 않는다.
'그러게 말이에요. 그 일은 정말 놀라웠습니다.' 나는 그에게 내 감정을 솔직하게 말했습니다. 그래야 소원해졌던 우리 사이의 관계가 호전될 것이라 생각하거든요.	'그러게 말이에요. 그 일은 정말 놀라웠습니다.' 나는 그에게 내 감정을 솔직하게 말했다. 소원해진 관계를 풀어나가는 방법은 대화와 소통이다. 우리의 관계는 점점 호전될 것이다.

구어체와 문어체의 문장 특성은 다르기 때문에, 한 가지 방향으로 확실히 잡고 집필을 시작한다.

PART.2 〈창작〉- "에세이를 쓰자!"

12 "부끄럽지 않는 글이 되는 기본기 훈련"
초고 : 참신성

* 관점을 새롭게 보고, 다르게 쓰기

에세이 분야에서 대중들이 선호하는 책과 주제는 매년 새롭지 않습니다.
오히려 비슷한 주제들이 트렌드 안에서 돌고 돌며 출판되는 편입니다.
그래서 같은 소재라도 작가가 어떻게 풀어내는지가 참 중요합니다.
예를 들어 여행 에세이를 쓴다고 할 때,
내가 방문한 그 나라의 관한 내용과 주제는
이미 누군가 써서 출판된 책이 한 권쯤은 있을 것입니다.
콜럼버스처럼 완전히 새로운 신 대륙을 발견하는 게 아니라면 말이죠.
또 생소한 나라는 대중적인 관심을 갖기 어렵습니다.

사랑, 인간관계, 자기 계발 등 모두 비슷합니다.
완전히 새로운 주제와 소재를 찾기는 불가능합니다.
그렇다고 비교적 참신한 내용 쓰기를 포기한다면,
독자들이 내 책을 구태여 읽어줄 경쟁력까지도 놓치는 일입니다.

* 뻔하지 않는 내용 쓰기

작가는 독자에게 좀 더 색다른 내용을 전하도록 노력해야 합니다.
콘텐츠 플랫폼의 발달로 대중들은 많은 정보를 간편하게 접할 수 있습니다.
일반적으로 다 아는 내용을 읽기 위해, 책을 구매하지 않습니다.

참신성한 글을 위해 안목을 높여야 합니다.
현상을 다양하고 새롭게 보는 눈을 키워야 합니다.
한 번에 떠오른 생각을 곧바로 맹신하지 맙시다.
첫 번째 떠오른 발상은 누군가도 쉽게
떠올렸을 생각인 경우가 많습니다.
새롭게 보고, 다르게 접근해 봅시다.
독자가 내 책을 읽고 '와!'라는 감탄사가 나올 수 있도록 말입니다.

▶ 공감과 참신성을 동시에 잡자

에세이는 개인이 겪은 경험 위주로 글이 풀어지게 됩니다. 특정한 현상에 관해 작가의 견해를 전할 때, 공감과 참신성이 중요합니다. 공감은 독자들이 작가의 생각에 동참하게 만들어줍니다. 내용에 작가의 독창적인 세계만 있다면, 오히려 독자는 반감을 가질 수 있습니다. 그래서 공감과 참신성이 적절하게 섞이는 게 좋습니다. 독자가 작가의 세계를 공유할 수 있도록 길을 열어줘야 합니다. 또 친근함과 경탄함이 함께 있을 때 감동이 더 빠르게 찾아옵니다.

실습 05 : 독자가 작가의 감정에 공감할 수 있는 지점이 있는지 점검하며 글을 써나갑니다.

▶ 개인적인 특별한 경험 넣기

누구나 사연이 있습니다. 똑같은 장소라도 어떤 사람에게는 향수를, 또 어떤 사람에게는 트라우마를 불러일으킬 수 있습니다. 저자의 특별한 경험과 사연을 녹여내는 글을 써봅시다. 이때 너무 '작가의 경험을 알아주기'를 바라는 식의 내용이 되지 않게 쓰도록 합니다. 'A의 경험은 나에게 커다란 충격을 주었다.'같이 의미가 생략되고 결론이 난 경우입니다. 독자가 '그래서 무엇을 말하고 싶은 거지?'라는 생각이 들면 안 됩니다. 그래서 (1)번의 내용이 중요합니다.

실습 06 : 독자는 작가만의 경험을 읽으며 새로운 의미를 얻고 싶어 하는 점을 기억합니다.

▶ 글 쓰는 주제에서 만큼은 전문가가 되자

대중들은 상품이나 콘텐츠를 구매할 때 자신이 갖고 있는 어떤 '특별함'을 얻기 원합니다. 누구나 다 알고 있는 내용만 들어있는 책이라면, 구태여 구매까지 이어지지는 않을 것입니다. 에세이(혹은 다른 분야)를 쓴다고 할 때, 작가는 해당 주제 안에서 일반 대중들보다 더 많은 자극 점이 있어야 합니다. 그 주제에서 만큼은 내 독자들 앞에서 당당히 소개나 강연할 수 있는 수준이 돼야 합니다. 그래서 주제에 관련된 깊은 공부와 조사가 수반돼야 합니다.

실습 07 : 집필하는 주제를 독자보다 얕게 알고 있으면 안됩니다. 주제를 진지하게 탐구합니다.

▶ 새로운 답을 만드는, 통찰력 있는 '질문' 만들기

어떻게 참신성 있는 글을 쓸 수 있을까요? 조금 특별한 답을 얻기 위해서는 남들과 똑같이만 생각해서는 부족합니다. 새로운 답은, 새로운 질문에서 나옵니다. 현상을 다르게 관찰하고, 사유의 깊이를 더하는 사고는 '통찰력 있는 질문'에서 출발합니다. 작가의 성향에 따라 질문의 방향은 다양하게 갈라집니다. 일반적이지 않는 접근에서 주제와 글에 깊이를 갖게 되면, 문학성과 예술성을 얻을 수 있습니다.

실습 08 : 뻔한 내용으로 처음부터 끝까지 집필하지 않게 합니다. 깊은 통찰력을 끌어내도록 합니다.

| 글을 만드는 예문 훈련 |

"글에 공감을 주면서 참신한 의미를 어떻게 전달할까?"

아래 예문에 〈참신성〉〈공감〉〈경험〉〈통찰력〉의 내용을 추가하며 살을 덧 붙여 보았습니다. 어떻게 표현을 확장해나가는지 그 과정을 살펴봅시다. 작가가 전달하고 싶은 메시지를 독자에게 공감과 깊은 의미를 전달할 수 방법이 무엇일지 고민하며 글을 써봅니다.

〈예문〉
나에겐 노을은 푸른빛 뿐이다.

참신성

나에겐 노을은 푸른빛 뿐이다.

일반적인 관점과 다른 사실이나 내용을 전달하여 참신한 의미를 전달할 수 있습니다. 노을은 일반적으로 붉은 빛입니다. 아래 예시 문장에서 푸른 빛으로 표현하여 독자의 호기심을 이끌어 냅니다. 이후 공감·경험·통찰력 새로운 질문 등 다양한 표현을 활용하여, 전하고 싶은 메시지를 가장 적절하게 이끌어내며 글을 써봅시다.

↓

공감

나에겐 노을은 푸른빛 뿐이다.
어머니가 생전에 좋아하시던 붉은 노을,
어머니가 생전에 좋아했던 짙은 파랑,
어머니가 노을처럼 하늘로 올라가던 날,
나의 노을은 푸른빛이 되었다.

뒤이어 서술자가 노을을 푸르게 보는 이유를 제시하면서 감정을 독자에게 공유합니다. 독자는 서술자의 글에 공감하는 만큼 글에 빨려 들어갑니다. 위 글에서는 어머니가 좋아하던 노을과 파랑색을 연결하고, '하늘로 올라가던 날'이라는 표현을 통해 어머니의 죽음을 암시했습니다. 노을을 볼때마다 떠오르는 어머니의 대한 그리움을 생전 좋아하던 색과 연결지어 나타냈습니다.

↓

독자의 공감을 이끌어 내는 감성적인 표현들을 섞어 써 봅시다.

경험

나에겐 노을은 푸른빛 뿐이다. 어머니가 생전에 좋아하시던 붉은 노을, 어머니가 생전에 좋아했던 짙은 파랑, 어머니가 노을처럼 하늘로 올라가던 날, 나의 노을은 푸른빛이 되었다.

작년 겨울이였다. 나의 어머니는 집으로 돌아오는 길 불현듯 쓰러지셨다.

더불어 개인적인 경험을 내용에 넣어 구체적인 이야기로 짙은 호소력을 가져갈 수 있습니다.

↓

경험

나에겐 노을은 푸른빛 뿐이다. 어머니가 생전에 좋아하시던 붉은 노을, 어머니가 생전에 좋아했던 짙은 파랑, 어머니가 노을처럼 하늘로 올라가던 날, 나의 노을은 푸른빛이 되었다.

작년 겨울이였다. 나의 어머니는 집으로 돌아오는 길 불현듯 쓰러지셨다.
~
나의 노을의 색은 계속 변한다. 붉은 빛에서 푸른 빛으로. 푸른 빛에서 보라 빛으로. 보라 빛에서 노랑 빛으로. 그리고 언젠가는 다시 붉은 빛으로 돌아오겠지. 내가 가장 좋아하는 붉은 색으로.
그때는 노을 너머에 오로지 나를 바라볼 수 있겠지.

노을 빛을 어머니의 그리움에서 시작하여 서술자의 관계내 외로움과 그리움으로 확대해 나갔습니다. 단지 노을이 푸른 빛으로 끝나는 것이 아니라 계속해서 변해간다는 의미를 통해 독자에게도 열린 질문을 던집니다. 또한 돌고 돌아 다시 붉은 빛(서술자가 좋아하는 색)으로 노을이 돌아왔다는 결론은, 그리움과 외로움에서 자립해 나갈 서술자의 희망적인 의지를 담고 있습니다. 위와 같이 현상을 다르게 접근해보고, 새로운 생각을 할 수 있는 여지를 글에 넣어봅니다.

내 글을 좀 더 풍성하고 깊이 있게 적어나가보세요.

PART.2 〈창작〉- "에세이를 쓰자!"

13 초고 "부끄럽지 않는 글이 되는 기본기 훈련"
: 논리성

* 자연스럽게 흘러가는 논리

좋은 에세이는 글을 읽다 보면 자연스럽게 고개를 끄덕이게 됩니다.
또는 '아..!'라는 짧은 감탄사가 마음속에서 울려 퍼지기도 합니다.
독자가 글에 매료되는 까닭은 따뜻한 감성 안에 연결된 논리적인 구조 때문입니다.
잘 짜인 내용은 한 편의 서사적인 흐름을 만듭니다.
그 글이 흐름을 통해 작가의 논리가 이어집니다.
그렇게 단락 단락 연결된 논리는 주제를 전하기 알맞은 맥락을 마련합니다.
작가는 '자신의 철학을 논리적으로 연결' 할 줄 알아야 합니다.
논리적이란 말은 문장이 서로 긴밀한 관계를 맺고 있음을 뜻합니다.
이를 뜻하는 용어로 '인과 관계'라는 표현도 있습니다.

에세이는 주제 메시지를 'A이기 때문에, B입니다.'
같이 인과 관계를 직접적으로 드러내는 편은 적습니다.
비유, 은유, 암시 등 다양한 표현을 통해 부드럽게 전달합니다.

인과 관계

> 선행 사실과 후행 사실이 원인과 결과의 관계가 있는 것. 글읽기에서, 독자가 글 속에서 무엇이 중요한지를 판단하는 기초로 작용하는 것이 인과관계이다.
> 인과관계의 개수는 사람들이 이야기에서 기억해야 할 내용을 결정할 때, 그리고 이야기를 요약하는 데 포함시켜야 할 내용을 결정할 때에도 중요하게 작용한다.
>
> _「실험심리학용어사전」

┌ 진술이 모이면 묘사가 되고,
　묘사가 모이면 서사가 된다.
　한 편의 에세이는 그 자체로 하나의 서사와 같다.
　여러 장면이 일관적인 의도를 가지고 다채롭게 펼쳐질 때,
　독자는 글에 몰입해 빠져든다. 」

_〈에세이 비행학교〉 中

▶ 문단을 통해 인과 관계 넣기

예를 들어 하나의 소 주제를 풀어내는 글의 평균 분량을 (신국판) 2~3장이라고 합시다. 처음부터 이 2~3장 정도의 내용을 단번에 구상하기란 어렵습니다. 논리성을 위해 내용의 인과 관계를 어떻게 넣어갈 수 있을까요? 우선 서론과 결론을 잡습니다. 출발점과 도착점을 설정하여 방향을 만드는 일입니다. 그리고 나서 문단으로 쪼개 생각합니다. 현재 적고 있는 문단에 들어가야 할 내용에만 집중하는 것입니다. 그다음 문단은 결론과 좀 더 가까워지게 적어 나갑니다.

실습 09 : 문단들이 개별적으로 의미를 전달하지 않도록 연결 고리를 만들며 글을 써봅시다.

▶ 앞, 뒤 문장을 연결하며 글쓰기

앞서 내용의 연결은 글에 있어서 한 편의 서사적인 흐름을 만든다고 설명했습니다. 연결을 만드는 글쓰기는 앞, 뒤 문장 간의 관계를 염두하는 일입니다. 지금 쓰고 있는 문장 다음에 어떤 내용이 적힐지 동시에 구상합니다. 대화를 할 때 생각하며 말해야 방향을 잃지 않는 것과 같습니다. 간혹 매끄럽게 이어지는 문장이 떠오르지 않을 때는 잠시 쉬어가 봅니다. 글이 막힐 때는 생각의 전환으로 새로운 대안을 발견할 수 있습니다.

실습 10 : 문장 간의 흐름이 자연스럽게 연결되도록, 적절한 문장 배치를 고민하고 수정합니다.

▶ 논증과 설득을 넣어 글쓰기

논리성은 결국 논증과 설득까지도 연결됩니다. 에세이인데 왜 설득이 필요하냐고요? 저는 에세이여서 더 필요한 요소들이라고 생각합니다. 객관적인 사실을 전하는 내용은 가끔 그 이유를 굳이 제시하지 않아도 됩니다. 설명하지 않아도 누구나 다 알고 있기 때문입니다. 하지만 누군가의 의견이나 관점을 사실 여부(혹은 옳고 그름)로 명확하게 나누기 힘듭니다. 결과적으로 독자를 설득하지 못한다면, 그 책의 목적은 힘을 잃게 됩니다.

실습 11 : 설득은 공감부터 입니다. 내 글이 던지는 메시지가 설득되는지 타인의 의견을 들어봅시다.

▶ 관점과 가치관은 일관되게

에세이는 내용의 분위기에 따라 주제가 직접 드러나기도, 살짝 가려지기도 합니다. 어떻게 풀어내든 간에 작가가 주제를 논하는 관점과 가치관은 일관돼야 합니다. 당연한 얘기 아닌가 싶지만, 막상 장기간 긴 글을 쓰다 보면 자신도 모르게 방향이 흔들릴 수도 있습니다. 때문에 처음에 기획을 명확하게 정리해야 하는 이유입니다. 책의 처음과 끝이 일관될 수 있도록, 관점과 가치관의 중심을 잘 잡고 글을 써 나갑니다.

실습 12 : 처음부터 끝까지 글의 주제와 중심 가치관은 일관되게 작성되도록 집중합니다.

다음은 하나의 주제로 쓰이는 글의 구조입니다.
각 영역의 연결 구조를 살펴보며 오른쪽의 사고의 흐름을 읽어봅시다.

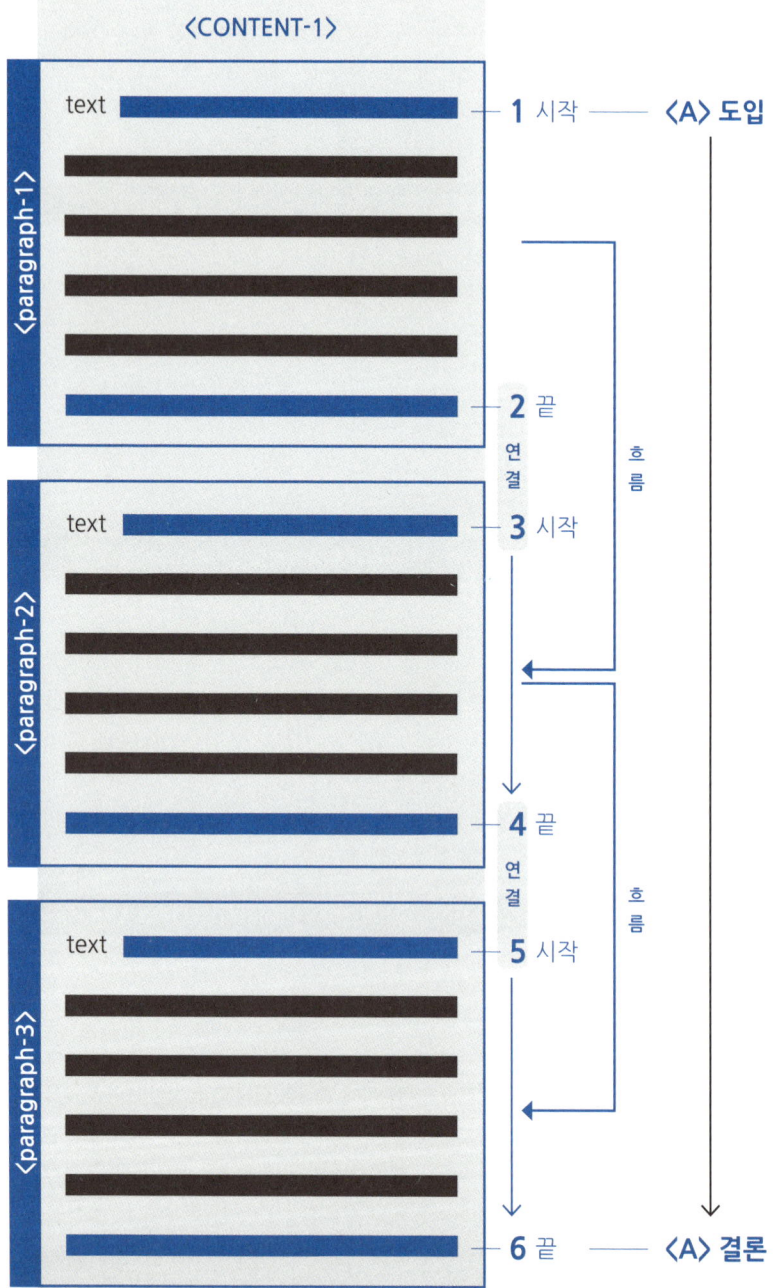

* 글을 쓸 때 사고의 흐름

소 주제로 적게 되는 한 편의 완성된 글은 〈CONTENT-1〉입니다.
에세이로 따지면 목차 중 하나의 제목에 해당합니다.
분량은 평균 2~4장으로 채워지는 글의 양입니다.
문단은 소 주제 하나를 풀어내는데 전개되는 내용의 한 토막입니다.
이러한 문단들이 〈paragraph-1.2.3..〉 식으로 이어집니다.
하나의 문단에는 크게 한 가지 포인트만 들어가도록 합니다.
(ex: 예시 - 1 문단, 비유 - 1 문단, 논증 설명 - 1 문단 등)

문단에서 풀어지는 글은 〈text〉입니다.
문단 안에서 이어지는 글에 (원인과 결과/이유와 결론/설명과 표현)
같은 인과관계의 구조가 들어가 있습니다.
이와같이 내가 쓰려고 하는 하나의 소 주제의 구성을 정리해봅시다.

* Content → Paragraph → Text

다음은 Content-1을 쓸 때 머릿속에서 일어나는 사고의 흐름입니다.
아래 순서는 의도적으로 메모를 하거나 답을 찾기 위함이 아닙니다.
글의 인과관계를 생각하며 글을 쓰려는 노력과 자연스럽게 연결됩니다.
content → paragraph → text 방향으로
한 덩어리의 논리적인 흐름 안에서 개별적인 인과 관계를 만들며 글을 써봅시다.

① 무엇을 말하고 싶은지 하나의 주제를 머릿속에서 정리합니다.

② 어떻게 여는 글을 시작할지, (도입 내용)을 구상합니다.

③ 이 글에서 담겨야 할 포인트(예시, 비유, 설명·표현 방법)를 구상합니다.

④ 첫 뻔째 도입 문단을 인과관계가 있게 적어봅니다.

⑤ 두 번째 문단 부터는 글의 분량을 비슷하게 할지, 더 늘릴지 등을 대략 가늠합니다.

⑥ 주제를 설득(공감)하기에 충분한 문단 포인트(설명과 표현)가 있는지 점검합니다.

⑦ 문단 자체에서도 순서에 맞게 흐름이 잘 연결되도록 합니다.

⑧ 문단의 흐름은 결과적으로 소 주제의 결론이 자연스럽게 드러나게 합니다.

⑨ 적절한 끝 맺음을 고민하며 한 편의 글을 마무리 합니다.

| 글을 만드는 예문 훈련 |

"작가의 철학을 글에서 어떻게 논리적으로 보일까?"

모래알만 한 진실이라도 / 박완서 에세이 _〈친절한 사람과의 소통〉

지난겨울은 추위도 유별났지만 큰 눈은 또 얼마나 자주 왔는지. 나는 도시보다 기온이 3~4도 낮은 산골 마을에 살기 때문에 거의 한 달을 집에서 꼼짝 못 하고 갇혀 지내다시피 했다.
(생략)
우리 마을에서 오르는 길도 너덧 갈래가 되지만 내가 개발한 길은 1년 내내 아무하고도 안 마주칠 정도로 사람들이 안 다니는 길이다.
(생략)
혼자 걷는 게 좋은 것은 걷는 기쁨을 내 다리하고 오붓하게 나눌 수 있기 때문이다.
(생략)
하루는 산에서 열쇠를 잃어버렸다.
(생략)
다시 한눈을 팔 수 있게 되었을 때 내 열쇠가 바로 길가 내 눈높이 나뭇가지에 걸려 있는 걸 발견했다. 누군가가 주워서 그렇게 눈에 잘 띄게 걸어 놓았을 것이다. 그 산책 길은 나 혼자만의 길이 아니었던 것이다. 그 길은 내가 낸 길도 아니었다. 본디부터 있던 오솔길이었으니 누군가가 낸 길이고 누군가가 현재도 아니고 있어서 그 길이 막히지 않고 온전한 것이다.

길은 사람의 다리가 낸 길이기도 하지만 누군가의 마음이 낸 길이기도 하다. 누군가 아주 친절한 사람들과 이 길을 공유하고 있고 소통하고 있다는 믿음 때문에 내가 그 길에서 느끼는 고독은 처절하지 않고 감미롭다.

작가는 고독한 일상을 혼자 걷는 산책으로 점진적으로 표현해나가고 있다. 〈겨울-산책-혼자 걷는 길-열쇠를 잃어버리는 사건〉이 문단마다 잘 풀어진 이야기의 표현을 통해 연결되어 간다. 그렇게 연결된 이야기는 마침내 '누군가와 소통되고 있다는 믿음은 혼자여도 처절하게 고독하지 않다'라는 메시지에 이으며 끝이 난다. 만약 작가의 사색과 철학이 담긴, [B]의 결론이 없이 [A]의 말미인 '길은 혼자만의 것이 아니다.'라고 종결됐다면 의미 전달이 반감됐을 것이다. 이와 같이 작가의 생각을 부드럽지만 확고하게 드러내어 메시지를 전달할 수 있다.

아침에는 죽음을 생각하는 것이 좋다 / 김영민 에세이 _〈희망을 묻다〉

> 어떤 폭력적인 경험은 그 사람의 일생을 결정한다. 이를테면 영화 〈대부〉의 주인공 비토 코를레오네가 그렇다. 어린 시절 그의 가족은 시칠리아 갱들에게 무력하고 어이없는 짐승처럼 살해당한다. 갱의 총탄을 피하여 달리기 시작한 그의 인생은 이제 질주를 멈출 수 없다.
> (생략)
> 어떤 폭력적인 경험은 때로 한 나라의 운명을 결정한다. 이를테면 식민지배를 받아들여야 했던 한국이 그렇다. 제국주의에 침탈당한 한 조공국의 황혼. 난입한 제국주의자들은 말했다. 너희는 스스로 현대적인 공적 질서를 창출해서 살아갈 능력이 없으므로 우리가 대신 지배해주겠다. 그 말을 부정하기 위하여 한국인들은 질주를 시작한다.
> (생략)
> 마침내 잘 조립한 자동차 한 대를 들고 제국주의자들의 면전에 나설 수 있게 되었을 무렵, 광주민주화운동은 신군부에 의해 짓밟힌다. 그리고 그해 주한미군 사령관 존 위컴은 한국인은 들쥐와 같아서 민주주의가 맞지 않다고 말한다. 이제 한국은 다시 질주한다. 마침내 우리도 민주주의를 구현하고 살 수 있다는 것을 보여줄 때까지 그들은 시청광장을 지나, 광화문 네거리를 관통하여 질주한다.
> (생략)

> 그러나 우리에게는 아직 증명해야 할 것들이 남아 있다. 스스로를 갱신하여 현대적인 공공의 삶을 구현할 수 없는 쥐떼라고 불렸던 사람들은, 그 이야기를 듣기 전과는 더 이상 같을 수 없다. 이 땅에 희망이 있어서 희망을 가지는 것이 아니라, 희망을 가진 사람이 되고 싶기에, 희망을 가진다.

위 글에서는 반복적인 구조가 나타난다. (폭력은 ~ 결정한다)→(이를 부정하기 위해 질주한다)의 구조가 처음에는 영화에 빗대어 한 사람의 인생을, 그다음 확장되어 대한민국의 모습을 풀어낸다. 이렇게 반복 구조를 직접적으로 드러내는 글은 그 논리성이 확연히 드러난다. 비록 원인과 결론을 그대로 적지 않는다고 해도 말이다. 작가는 자신의 생각을 글의 처음부터 끝까지 줄곧 전달한다. 하지만 역시 [B]의 결론에서 묵직한 한방을 던진다. 논리적인 맥락 다음에 오는 가슴을 울리는 감성적인 문장은 독자의 가슴에 더 깊게 새겨진다.

PART.2 〈창작〉- "에세이를 쓰자!"

14 초고
"부끄럽지 않는 글이 되는 기본기 훈련"
: 글의 구조

* 논리적인 구조를 만드는 원인과 이유

앞서 글과 문단이 이루고 있는 관계를 설명했습니다.
이번에는 그 문단을 구성하는 글의 특징에 대해 알아봅시다.
다르게 표현하면 글의 구조입니다.
하나의 주제를 효과적으로 전하기 위해,
알맞은 구조들을 선택하며 글을 풀어나가는게 좋습니다.

가장 흔하게 쓰이는 여섯 가지 글의 구조를
「탄탄한 문장력」책에서는 다음과 같이 전하고 있습니다.
〈시간 순서 구조 / 비교 구조 / 순차 구조 / 인과 구조 / 분류 구조 / 가치 판단 구조〉
이 내용은 시험공부처럼 외워서 적용하는 것이 아닙니다.
각 구조의 특징을 개념적으로 이해하고 넘어간 다음,
글을 쓸 때 구조를 한 번씩 떠올리며, 다양한 관점에서 전할 수 있도록 해봅시다.
'머릿속에 있는 이야기를 펼쳐지기에 가장 적합한 구조는 무엇인가?'

* 추리소설 같은 흥미넣기

너무 단조로운 구조로만 쓰인 에세이는 긴장감이 반감될 수 있습니다.
추리 소설을 볼 때 다음장에 어떤 내용이 펼쳐질지
흥미진진해하는 이유가 무엇일까요?
바로 예측하기 어렵기 때문입니다.
시간순에 따른 순차적으로 사건을 나열하기만 하면
독자에게 호기심을 유발하는데 한계가 있습니다.

에세이를 쓸 때도 조금은 추리소설은 같은 맛이 있다면 어떨까요?
물론 허구의 소설이 아니기 때문에 극적인 연출은 어렵습니다.
하지만 작가의 삶과 경험은 이미 한 편의 사실에 기반한 이야기입니다.
결과적으로 작가가 주인공인 스토리가 들어있는 것입니다.
내 이야기를 더욱 흥미롭게 들려줄 수 있는 글의 구조를 만들어가 봅시다.

인과 구조

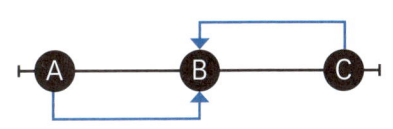

내용이 원인과 결론 형식으로 전달됩니다. 본론을 설명하기 위해 그 이유를 먼저 제시하거나, 결론부터 말하고 뒤이어 보충하는 방식이 있습니다. 가장 흔하게 사용되는 글의 구조입니다.

시간 순서 구조

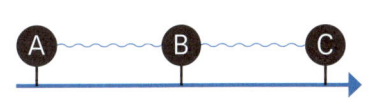

가장 일반적으로 풀어낼 수 있는 글의 구조입니다. 시간의 흐름에 따라 일어난 사건을 적습니다. '스토리텔링'으로 볼 수 있습니다.

비교 구조

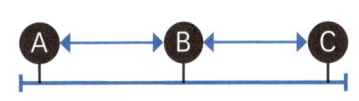

다른 내용과 비교를 통해 본론의 주제를 부각합니다. 비교 사건을 동일선상에 두거나, 우열을 가려 본론의 중요성을 독자들에게 효과적으로 전달합니다.

순차 구조

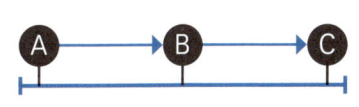

사건이나 내용이 작가가 의도한 순서대로 설명됩니다. 시간에 따라갈 수도 있고, 특정 규칙에 따라 나열될 수도 있습니다. 중요한 점은 설명되는 각 항목들이 동등한 분량을 가져야 합니다.

분류 구조

전체의 내용 안에서 작가가 설정한 주제별로 항목을 나누는 것을 분류라고 합니다. 분류된 내용들은 공통의 특성을 지닙니다. 분류되는 기준에는 규칙이 있습니다.

가치 판단 구조

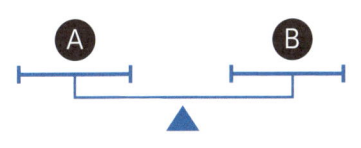

가치 판단은 비교 방식과 유사하지만, 좀 더 사실 여부나 의미를 판단하는데 목적이 있습니다. 두 내용을 비교하는 이유가 한쪽에 결론에 옳은 힘을 실어주기 위함입니다.

| 글을 만드는 예문 훈련 |

"문단을 더 맛깔나게 읽히게 하는 방법이 있나요?"

문장 간의 강·약을 주면 흐름에 탄력이 생깁니다.
우리가 말을 할 때도 힘을 주고 싶은 부분에서는 소리를 크게 내거나, 힘을 줍니다.
이때 계속 큰 소리만 내는 것보다 잔잔하게 말하다 한 순간 힘을 주는 게 임팩트가 있습니다.
앞서 글의 구조를 생각하면서 문장 간의 강·약을 적절하게 넣어봅시다.

1. 장문을 쓴다면 하나의 어구에 하나의 의미 넣기

ex.
당신을 향한 그리움이 한낱 꿈처럼 사라져 버리는 계절이 될지,
돌고 돌아 그 계절에 피어나는 꽃이 될지,
어쩜 이리도 짧았던 시간이 남긴 그 섬세한 순간은
내 머릿속 낡은 테이프가 되어 매 순간 느리게 흘러가고
그날의 수줍은 웃음 하나
그날의 따스한 눈길 하나
떨려오던 작은 호흡 하나조차 지우지 못한 채
조금씩 빛바래지는 과거 속에 남아 있습니다.

우리의 인연이 그저 그렇게 스쳐 지나가는
바람 같은 것이 아니길.

예문에서 행간 나눔 전까지는 길게 이어진 하나의 문장입니다. 초보 작가는 단문 쓰기를 먼저 하라고 해서 장문을 쓰면 안 되는 것은 아닙니다. 내용과 흐름에 따라 장문을 쓰면 긴 여운을 전할 수 있습니다. 하지만 장문 쓰기는 더 섬세하게 글을 살펴봐야 합니다. 무엇보다도 장문은 한 어구에 하나의 이미지가 연상되게 합니다. 그 개별적인 이미지들이 끊어지지 않고 계속 이어지는 글입니다. 마치 필름처럼 말입니다.

또 위 글은 서술자의 기억의 흐름을 따라가는 순차적인 구조를 지닙니다. 어떤 기억을 떠올릴 때 눈으로 보고, 머릿속에서 떠오르고, 가슴 아래로 내려오는 순서가 글에 담겨 있습니다. 그래서 장문이어도 독자는 어렵지 않게 흐름을 타고 따라갈 수 있습니다.

2. 문장의 길이의 강,약 크게 주기

ex.
찬란했던 푸르던 시절의 잎들을 떨궈낸 나뭇가지는 오로지 스쳐가는 차가운 바람에만 반응하여 부르르 떨었고, 발아래로 펼쳐진 들판은 인고의 시간을 이겨내기 위해 잠시 생명의 호흡을 멈춘 것 같아 보였다. 이곳은 겨울이었다.

예문에서 마지막 '이곳은 겨울이었다' 문장 빼고는 하나의 문장입니다. 처음에 긴 호흡으로 글을 읽다가 상대적으로 확연히 짧은 문장이 뒤에 놓이면 임팩트가 생깁니다. 문장의 강약은 흐름에 탄력을 만들어줍니다. 짧은 문장은 힘을, 긴 문장은 여운을 남겨줍니다.

3. 대화체를 사용하여 현장감 주기

ex.
떠나고자 마음먹었을 때의 그 기쁨은 오래가지 못했다. 나를 묶고 있는 현실의 끈들이 조금씩 수면 위로 모습을 드러냈기 때문이다. 생계를 책임져야 하는 금전적인 부담이다. 어느덧 인생의 울타리가 되어버린 직장은 나를 안락한 우리 안에 안주하게 만들었다.
'그래, 떠나는 것은 좋아. 그럼 그 이후는?'
예측할 수 없는 미래는 안개 낀 절벽 사이를 걷는 기분과 같다. 잠깐의 발 헛디딤에도 깊은 수렁 아래로 떨어져 버릴 것 같은 두려움이 일어난다. 시야를 가린 희미한 안개는 내가 걸어온 길의 흔적마저도 가려버린다. 보장되지 않는 현실의 끈이 사라져 버린다는 것 그것은 앞으로 나아가야 할 발걸음을 더욱 더디게 만듦이다.

짧은 문장을 대화체로 표현하면 현장감이 증가합니다. 막연히 글을 읽던 독자를 이야기의 세계로 끌어당겨줍니다. 대사를 말하는 주인공이 독자가 되기 때문입니다. 이렇게 긴 문장과 짧은 문장 그리고 대화체 및 여러 가지 표현을 함께 사용하여 글의 맛을 살려봅니다.

15 "부끄럽지 않는 글이 되는 기본기 훈련"
초고 : 표현력

* 논리적인 구조를 만드는 원인과 이유

한번 글을 쓰고 며칠 뒤에 다시 읽어보세요.
내가 쓴 글이 설명 위주인지, 표현 위주인지 살펴봅시다.
텀을 두고 내 글의 특징을 한번 씩 분석해 볼 필요가 있습니다.
반복적으로 사용하는 단어나 어구를 발견할 수 있습니다.
부족한 점들을 찾아서 보완해 나가면 글이 더 좋아집니다.

글쓰기는 어느 정도 의도적인 노력이 필요합니다.
머릿속에 떠오른 대로만 글을 쓰면 횡설수설하게 되고
손 가는 대로만 쓰면 획일화되는 표현으로 '글의 맛'이 줄어듭니다.
많은 분들이 설명으로 글을 쓰는데 익숙합니다.
학교 과제, 회사 보고서 등 설명 위주의 글을 다뤄왔기 때문입니다.
에세이는 설명하는 글이 아니라, 표현되는 글입니다.
객관적인 사실을 명확한 어조로 쓰고 싶다면,
전문적인 내용을 담은 인문학 분야의 책을 쓰는 게 더 나을 것입니다.
그게 아니라면, 표현하는 글쓰기와 익숙해져야 합니다.
한국 사람들은 표현에 약하기 때문에 의도적인 노력이 필요합니다.

「표현을 잘하려면 오감을 활용할 줄 알아야 한다.
 오감이란 시각, 청각, 후각, 미각, 촉각의
 다섯 가지 신체감각을 뜻한다.
 쉽게 말하면 이런 식이다. 작가는 의도하고 독자는 체험한다.
 이게 형상화다. 한 편의 에세이를 쓸 때,
 작가는 눈에 보이지 않는 자신의 경험, 생각, 느낌 등을
 표현하게 된다. 이때 조심해야 할 점은,
 최대한 독자가 체험할 수 있도록 표현하는 것이다.」

_〈에세이 비행학교〉 中

▶ 설명보단 표현으로 글쓰기

설명과 표현의 차이는 무엇일까요? 설명은 어떤 사실을 객관적으로 전달하는데 목적이 있습니다. 설명을 듣는 사람이 착오 없이 이해할 수 있도록 말입니다. 표현은 감정이나 생각을 효과적으로 전달하는데 의의를 둡니다. 에세이에서 표현력이 중요한 이유는, 감성으로 감정을 그리고 감동까지 자아내기 때문입니다. 사실을 그대로 적거나 설명하는 것은 비교적 쉽습니다. 그에 반해 표현은 처음에 굉장히 어색합니다. 하지만 꾸준히 연습해야 합니다.

실습 13 : 에세이는 표현하는 글입니다. 설명으로만 끝내는 보고서 같이 되지 않게 합니다.

▶ 문장을 다양하게 바꿔보기

초고는 퇴고의 과정이 필요하다고 했습니다. 이때 매끄럽지 못한 문장을 고쳐 써 봅니다. 밋밋한 문장에 표현을 더해봅니다. 독자를 사로잡을 수 있는 멋진 문장을 만들기 위해 다양하게 바꿔봅니다. 주의할 점은 기존의 의미가 그대로 유지돼야 한다는 점입니다. 문장을 더 멋진 표현으로 바꾸다가 맥락이 달라지면, 모두 다시 써야 합니다. 내 글에서 표현이 부족한 부분들이 어딘지 체크하고 좀 더 수정해봅시다.

실습 15 : 문장이 밋밋하다고 느껴진다면 다양하게 표현하고 바꿔나가 봅시다.

▶ 감각을 활용하여 나타내기

흔히 어떻게 표현하는지 떠올려봅시다. 감각을 통해 얻은 정보에 감탄하며 전달됩니다. 시각적으로 구체적인 관찰하는 방법, 청각적으로 들은 바를 세밀하게 적어내는 방법, 촉각적인 감촉을 묘사하는 방법, 혹은 미각을 통해 전하는 설명까지. 표현을 만드는 1단계는 감각을 있는 그대로 풀어내는 것입니다. 2단계는 생각과 감각의 표현을 연결하는 것입니다. 단순 설명만 있는 글보다 한결 부드럽고 친근한 글이 될 수 있습니다.

실습 14 : 어떻게 표현해야 할지 모르겠다면, 오감을 활용하여 감정을 글로 풀어봅시다.

▶ 불필요한 수식어는 덜어내기

표현이 중요하다고 해서 수식어만 가득하면 글이 볼품없어집니다. 적절한 부사와 형용사를 사용해야 합니다. 또 표현을 위해 쓰인 문장의 양을 과하게 부풀리면 글 흐름에 긴장감을 놓치게 됩니다. 마치 상품의 본질보다 포장지만 과하게 많은 샘입니다. 포장지의 양이 많으면 상품 개봉도 전에 흥미가 떨어질지도 모릅니다. 위 내용에서는 표현 자체의 중요성을 전했습니다. 그다음 성장해야 할 지점은 불필요한 수식어를 과감히 빼는 선택입니다.

실습 16 : 불필요하게 많은 형용사나 꾸밈 어구를 사용하지 않도록 조심합니다.

| 글을 만드는 예문 훈련 |

"표현으로 글을 풀어쓴다는 것은 어떤 것일까?"

표현하는 글쓰기는 이미지를 상상하거나, 기억을 꺼내오는 것에서 시작됩니다.
①- 내 기억 속에 없는 이미지라면, 상상으로 만들어 낸 모습을 관찰합니다.
②- 내 기억 속에 있는 이미지라면, 그때의 감정과 느낀 오감의 기억을 꺼내옵니다.
그다음 나만 알고 있는 이미지를 독자에게
그대로 보여준다고 생각하고 글로 장면을 섬세하게 표현해냅니다.

1. 사물과 현상을 관찰하는 표현을 늘리기

ex.
그 유리컵은 할머니의 유품이었다.

↓

어느덧 반투명해진 유리의 탁한 빛에는 세월이 담겨 있다. 할머니가 살아온 시간만큼 유리컵은 닳아져 있었다. 컵 표면에 그려진 장미꽃 무늬마저 군데군데 긁혀 사라져 있었다. 그 벗겨진 무늬 사이에는 짓눌린 할머니의 지문이 있었다. 할머니의 손길과 입김이 닿아 있는 컵. 그 유리컵은 할머니의 유품이었다.

할머니의 유리컵을 상상해봅니다. 실제로 할머니의 유리컵을 본 적이 없다 하더라도 이미지를 만들어낼 수 있습니다. 할머니 따라 시간의 때가 묻은 오래된 유리컵은 어떤 모양일지 머릿속에서 이리저리 관찰해봅니다. 그렇게 상상 속 이미지를 글로 실감 나게 풀어나갑니다.

2. 문장을 다양하게 표현하기

ex.
세상에서 가장 어려운 일은 사람의 마음을 얻는 일이다.

↓

- 그 마음을 얻기 위해 나는 가장 고된 시간을 보내고 있다.
- 사람의 마음을 얻는 일이 어떻게 쉬울 수 있을까? 아마도 가장 어려운 일이다.
- 그 마음을 얻기까지 나는 어떤 고난도 감내할 자신이 있다.

같은 의미를 지녔지만 문장을 다르게 적어볼 수 있습니다. 작성한 문장이 마음에 들지 않을 때는 앞, 뒤 문장간의 균형을 생각하면서 문장을 변형해봅니다.

3. 감각을 활용하여 나타내기

ex.
밤 바다는 낭만이 있다.

↓

철썩철썩 들려오는 파도 소리가 귀에서 마음까지 닿아진다. 밤을 맞이한 바다는 어둠을 집어삼킨 듯 보였다. 일렁이는 물결만이 두 눈에 가득 담긴다. 멍하니 보고 있자면, 광활한 자연의 호흡에 빨려 들어갈 듯하다. 밤바다는 낭만이 있다. 그리고 두려움도 있다. 낭만과 두려움은 시선의 한 끗 차이다. 나는 문득 두려움이 엄습할 때면 저 멀리 홀로 반짝이는 등대의 올곧은 빛을 찾았다.

'밤바다는 낭만이 있다'라는 문장을 오감을 활용하여 표현을 풀어봤습니다. 이 문장을 제일 잘 쓰기 위해서는 '밤바다'를 직접 본 경험이 있어야겠습니다. 밤바다를 마주했을 때 그 낭만과 두려움을 동시에 느끼게 한 오감의 기억을 다시 이끌어냅니다. 눈으로 어떤 바다가 보였는지, 귀로는 어떤 파도를 들었는지, 촉감으로는 어떤 바다 바람을 느꼈는지, 후각으로는 어떤 바다 냄새를 맡았는지 말입니다. 오감의 기억을 이끌어 풀어내기만 해도 표현하는 글쓰기가 됩니다.

4. 불필요한 수식어 덜어내기

ex.
황홀하고 너무 아름다운 밤에, 가장 설레고 벅찬 순간이다! 나는 지금껏 본적 없는 가장 아름다운 짙은 눈과 매력적인 미소에 첫눈에 반하고 말았다. 그녀가 조명 아래서 찬란하게 노래를 부르는 모습을 넋을 잃고 바라봤다.

↓

그 밤은 내 일생에 가장 황홀한 순간이었다. 그녀는 짙고 아름다운 눈과 투명한 피부와 어울리는 매력적인 미소를 지녔다. 인적이 드문 거리, 주홍빛 조명 아래서 종달새처럼 맑게 노래 부르는 모습을 넋을 잃고 바라볼 수밖에 없었다.

첫 번째 문장은 형용사와 수식어가 너무 많이 들어있습니다. 문득 이상하지 않다고 여긴다면, 저렇게 꾸며진 문장이 길게 늘어져 있다고 생각해보면 피곤함이 몰려옵니다. 필요한 수식어만 적절하게 담으며 담담하게 표현하는 게 에세이 글에서는 더 좋습니다.

PART.2 〈창작〉- "에세이를 쓰자!"

16 "부끄럽지 않는 글이 되는 기본기 훈련"
초고 : 단어와 문장

* 창작을 향한 뜀

생각 없이 많이 쓰기만 하는 문장은 잘 발전하지 않습니다.
요령 없이 공부하는 것과 같은 이치입니다.
또 책을 많이 읽었다고, 작문 실력이 알아서 늘지 않습니다.
글쓰기는 습득을 통해서 발전할 수 있습니다.
책을 읽고, 문장을 파악하고, 공부를 하고, 되돌아보면서
더 좋은 문장을 쓰기 위해 계속 고민과 노력할 때
어느새 일취월장되어 있는 작문 실력을 발견할 수 있습니다.

글쓰기는 노력하는 만큼 좋아집니다.
그래서 누구나 할 수 있습니다.
동의어 반의어 등 새로운 단어를 익히고,
문장을 표현을 방법을 배워가봅시다.
정도와 속도의 차이는 있을지라도,
꾸준히 글을 쓰고 발전하는 사람만이 작가로 살아남습니다.

* 자제해야할 표현들

1) ~ 것 입니다.
: 글은 이미 작가의 생각입니다.
확신없이 전하는 생각은 글에 신뢰를 떨어뜨립니다. 꼭 필요한

2) 내 생각에는, 내가 느끼기에는
: 이러한 표현 역시 (1)번 내용과 비슷한 불필요한 사족입니다.
대화문에서는 내용에 맞게 사용될 수 있습니다.

3) 불필요한 명사화 자제하기
: 동사나 형용사를 명사로 바꿔 쓰는 것을 말합니다.
의미가 생략되어 글이 빈약해질 수 있습니다.

▶ 사전을 찾으면서 글쓰기

글을 쓰다 보면 이 단어를 지금 사용해도 되는지 고개가 갸웃해지는 순간이 있습니다. 이때는 꼭 사전을 찾아보고 뜻을 확인한 후 사용하도록 합니다. '대충 의미가 비슷했어.'라고 어영부영 넘기지 않도록 합니다. 비슷하지만 미묘하게 확연히 다른 다른 단어들이 많습니다. 대다수의 독자들이 크게 인지하지 않는다 해도 작가는 바르게 써야 합니다. 또 동의어, 반의어 등을 수시로 찾으며 적재적소에 좋은 단어들을 폭넓게 사용해봅니다.

실습 17 : 글을 쓰다가 헷갈리는 단어, 새로운 단어를 사전에서 찾아 정확하게 의미를 전합니다.

▶ 문장을 배우면서 글쓰기

문장을 쓸 때, 지금까지 읽었던 작문 책의 개념들을 머릿속으로 떠올립니다. 글쓰기에 적용하기 위해 읽었던 독서를 낭비하지 않도록 합니다. 또한 문장을 쓰면서 전체적인 균형을 계속 확인합니다. 긴 문장만 있지 않는지, 짧은 문장만 있지 않는지 등입니다. 또 내용이 너무 축약되어 있거나, 장황하게 풀어져 있는지 등입니다. 너무 한쪽 스타일로 치우진 문장들이 많지 않도록 적당한 강약이 들어가게 글을 씁니다.

실습 18 : 글쓰기 책을 계속해서 읽고 공부하도록 합니다.

▶ 문장을 비교하며 글쓰기

작성한 문장 비교는 내가 좋아하는 책과 하는 게 더 효과적입니다. 초고를 끝내고 잠시 휴식을 하며 다른 책들을 읽어봅니다. 계속 내 글만 눈에 넣었다가, 다른 책을 보면 여러 가지 차이가 느껴집니다. 그 안에서 작성한 문장의 부족한 부분들도 보입니다. 비슷한 주제의 다른 책들은 어떻게 글이 정리됐는지 읽어봅니다. 많이 읽고, 마음에 드는 내용으로 다시 수정합니다. 퇴고에서는 문장 비교를 하면서 글을 계속 다듬어 나가 봅니다.

실습 19 : 좋은 에세이나 관련 주제의 책을 틈틈이 읽으며, 내 문장과 비교하고 수정해나갑니다.

▶ 더 좋은 문장이 되기 위해

퇴고에서 글을 수정하면 된다고 처음 글을 막 쓰지 않습니다. 초고를 쓸 때 최대한 고칠 내용이 없도록 노력해봅니다. 그러기 위해서는 중요한 표현은 몇 번 더 생각합니다. 더 좋은 문장으로 풀어낼 방법을 고민해봅니다. 문장 몇 줄을 쓰고 잠시 멈추기를 반복해도 됩니다. 반복된 어구가 없는지, 어색한 내용이 없는지 수시로 점검하는 것입니다.

실습 20 : 더 좋은 글이 되기 위해 수시로 돌아보며 고쳐 쓰는 습관을 가집니다.

PART.2 〈창작〉- "에세이를 쓰자!"

17
초고

"부끄럽지 않는 글이 되는 기본기 훈련"
: 글쓰기 노하우

* 글쓰기 완성을 향한 질주

처음에 정했던 글쓰기 목표를 떠올려봅시다.
'언제까지, 어느 정도 분량을 쓰겠다'라는 창작의 다짐을 잊지 맙시다.
창작은 그 간절한 열망을 지속적으로 되새겨야 합니다.
그렇지 않으면 금세 열정이 식고 흥미가 떨어질 수 있습니다.
기간 안에 목표를 끝낼 수 있도록 일단 최선을 다해 글을 씁시다.
설령 목표치만큼 채우지 못했을지라도,
최선을 다해 작업한 시간은 절대로 의미없이 사라지지 않습니다.
아예 목표를 향해 내달려 보지 않은 사람과는 비교할 수 없습니다.
하루의 글쓰기 시간을 정하고, 한 해의 창작 목표를 완수해봅시다.

상업적인 출판만 기대하면서 글을 쓰면 좋은 글이 나오지 않습니다.
글쓰기의 근본적인 출발은 작가의 자아성찰과 세상을 향한 탐구심입니다.
출판을 꿈을 갖고 시작하더라도, 순수한 문학의 열망을 놓지 말아야 합니다.
삶을 깊게 조망하는 작가의 진술한 사색이 담길 때,
글은 물 흐르듯 자연스럽게 쓰여지곤 합니다.
다음으로 매끄럽게 문장을 만드는 8가지 방법을 소개합니다.
해당 내용을 숙지한 후, 작가의 생각을 명철하게 전하는 글을 써봅시다.

> 「실전은 글쓰기다.
> 가장 어려운 것은 계획보다 실천이다.
> 글을 쓰는 일은 그래서 쉽지 않다.
> 열심히 기획 하고 목차를 정리해놓고,
> 글을 쓸 때 흐름에서 자꾸 벗어난다면
> 알맹이 없는 껍데기와 다름이 없다.
> 글의 완성도는 작가의 역량이라지만,
> 원고를 매끄럽게 만드는데 기본적인 방법이 있다.」

_〈책제작과 출판종합〉 中

8가지 글쓰기 노하우

글쓰기는 작가의 섬세한 감각으로 표현이 살아나지만, 그 이전에 논리적인 문장 구조를 공부해 글 실력을 향상해 볼 수 있다. 이를 위한 가장 기본적인 8가지 방법을 제시한다.

1. 한 문장에서 중복되는 단어가 없게 한다.

예) 이 책을 읽으면 (책 만들기)에 대한 전반적인 지식을 얻게 된다.
→ 이 책을 읽으면 (출판)에 대한 전반적인 지식을 얻게 된다.

2. 문장과 단락에는 목적과 결론이 있다.

예) 이 책을 읽으면 출판에 대한 전반적인 지식을 얻게 된다.
→ (목적) 책을 읽으면 / (결론) 지식을 얻는다

3. 주어와의 관계 확인, 말이 되는 문장 만든다.

예) 나는 책을 내기 위해, 글쓰기 연습을 열심히 할 필요성이 있다.
→ 나는 책을 내기 위해, 글쓰기 연습을 열심히 할 필요가 있다. / 열심히 해야한다.

4. 자주 사용하는 특정 표현(조사, 부사)을 자제하자.

예) 독서는 중요하다. 하지만 현대인들은 책 한권 읽기에도 바쁜 생활을 한다. 그래서
→ 독서는 중요하다. 슬프게도 현대인들은 책 한권 읽기에도 바쁜 생활을 한다. 그래서

5. 국어사전의 새로운 단어를 익히자.

예) 요즘 사람들이 독서를 할 시간이 없다는 말이 아예 말이 안돼는 소리는 아니다.
→ 요즘 사람들이 독서를 할 시간이 없다는 말이 아예 어불성설은 아니다.

6. 문장 간의 강,약 대비 주기.

예) 어제는 비가 많이 와서 잠을 이루지 못하고 뒤척이다 겨우 잠들었다. 천둥 소리가 너무 커서 하늘이 무너질 것 같은 무서운 생각이 들었기 때문이다.
→ 어제는 비가 많이 와서 잠을 이루지 못하고 뒤척이다 겨우 잠들었다. 무서웠다. 천둥소리에 하늘이 무너질 것만 같다고 생각했다.

7. 앞, 뒤 문장의 연결이 자연스러운지 살펴본다.

8. 입으로 소리내어 문장을 읽어보자.

실습 21 : 8가지 글쓰기 노하우를 숙지하고 초고 완성을 위해 집중하는 시간을 가집니다.

글 쓰기 훈련!
8가지 집필 노하우

1. 한 문장에서 중복되는 단어가 없게 한다

긴 문장이든 짧은 문장이든, 중복되어 사용하는 단어나 조사를 편집하면서 줄여나가는 것이 좋다. 하나의 문장 내에 같은 단어가 중복되어 나오는 것은 깔끔하지 못한 글을 만든다. 더불어 의미 전달에 혼선을 줄 가능성도 있다. 단어를 바꿀 때는 같은 동의어를 찾아서 넣어주거나 지칭 대명사를 활용해 볼 수 있다. 또한 자주 중복되는 글자 중에 '것'이 있다. '~ 하는 것은, ~ 것이다.' 등의 형식으로 꽤 많이 쓰인다. 이 부분도 웬만하면 중복을 피해 다른 어휘를 사용하는 편이 더 좋다. 만약 대체할 만한 단어가 없다면 '것'의 둘 중 하나를 '~점'으로 바꿔 볼 수 있다. '~ 하는 것이 ~ 한 점이다.', '~ 하는 점은 ~ 것이다.'처럼 앞뒤에 조사를 하나씩 바꿔 주는 것이다. 문맥상 어쩔 수 없이 중복 표현이 꼭 생기는 경우를 제외하고는 대한 다르게 표현하여 수정해나감이 좋다.

2. 문장과 단락에는 결론이 있다

글을 쓸 때 결론을 위한 '서두'가 있어야 한다. 어떠한 단락이든 저자는 그 내용을 쓰는 '이유'가 있다. 나는 지금 이 단락을 쓰고 있는 데에도 〈결론을 생각하면서 글을 써야 한다〉라는 글의 이유가 있다. 글을 집중해서 쓰다 보면 머릿속에 떠오르는 생각들을 풀어내면서 방향을 놓치는 경우가 많다. 이를 막기 위해서는 글을 쓰는 중간중간 목적에 맞게 잘 쓰고 있는지 멈추고 확인하면 좋다. 말하고자 하는 결론을 도출해내기 위해서 필요한 문장이 얼마나 남았는지도 머릿속으로 계속 구상하면 좋다. 결론까지 논리적으로 연결해주는 문장의 징검다리를 만들어 나가는 일이다. 논점을 잃지 않고, 사족으로 빠지지 않도록 하기 위해서는 의식의 흐름대로가 글을 풀어놓지 않아야 한다.

3. 주어와의 관계 확인, 말이 되는 문장 만들기

문장의 말이 되게 하는 가장 기본적인 방법은 주어와 동사의 관계를 확인하는 것이다.

의미 전달 측면에서만 보면 주어와 동사의 위계가 달라도 읽는데 큰 지장은 없다. 하지만 보다 좋은 문장이라고는 여겨지지 않을 것이다. 어딘가 엉성한 부분이 느껴질 수 있다. 그런 느낌이 든다면, 어휘 간의 위계가 잘 맞지 않아서 그럴 확률이 높다. 결국 이런 낱말 간의 올바른 연결은 논리적인 구조로도 볼 수 있다.

예를 들어, '책을 만들고 싶은 사람은 독서를 많이 해야 한다.'라는 문장이 틀어지면 이렇게 적어볼 수 있다. '책을 만들고 싶은 사람은 독서가 좋은 방법이다.' 주어와 동사에서 〈사람은 방법이다〉는 옳은 구조가 아니다. 의미적인 측면에서만 보고 '사람이 방법이 될 수도 있지'라고 작가 혼자 판단해서는 안 된다. 만약 소설이나 시적 표현이 들어가는 문학이라면 말이 달라진다. 그렇지 않은 일반 서적의 경우 작가는 일단 논리적인 어휘 구조로 글을 작성하는 것이 중요하다. 그 표현의 따른 개인의 해석을 보다 자유롭게 느끼는 것은 독자의 역할이다. 문장에서 구조적으로 올바른지의 여부가 좋은 글에서 기본적인 원칙이니 잘 익혀두자. 주어와 동사의 관계 외에 조사, 목적어, 부사까지 맥락이 맞는지 살펴볼 수 있다면 더욱 좋은 글이 될 것이다.

4. 자주 사용하는 특정 표현(조사,부사)을 자제하자

작가의 언어습관에 따라서 보다 자주 사용하는 단어나 어투가 있다. 글을 쓰고 나면 나도 모르게 반복되는 특정 어휘 표현이 있다는 것을 알아차릴 수 있다. 보통 조사, 부사의 종류이다. 대화를 할 때 자주 쓰이는 특징이 문장으로 옮겨질 때 간결하게 정리되지 않아서 그렇다. 오타의 문제는 아니지만, 너무 비슷한 표현이 반복되면 글의 매력이 떨어질 수 있어서 수정하는 게 좋다. 내가 종종 사용하고 있는 특정 표현이 무엇인지 인지하고 글을 쓰는 과정 중에 최대한 줄여나간다. 또한 그래서, 그러나, 하지만, 그렇지만, 결국 등 조사는 꼭 필요할 때만 넣는다. 없어도 내용을 이해하는데 지장이 없다면 과감히 삭제해도 괜찮다.

5. 국어사전의 새로운 단어를 익히자

작가는 자신이 아는 단어 안에서만 글을 쓸 수밖에 없다. 글은 길어지고, 비슷한 의미의 내용들이 계속 등장하는데 새로운 단어를 모르면 표현의 한계에 부딪치는 것이다. 그래서 결국 비슷하거나 단어를 반복적으로 사용한다. 꼭 모든 단어 사용이 똑같이 않아야 하는 것은 아니다.(사실 그렇게 될 수가 더더욱 없다.) 다만 간혹 같은 의미에서 새롭고 신선한 단어, 보다 고급 어휘를 사용한다면 독자가 느끼는 독서의 즐거움이 커질 것이다. 사전을 활용하자. 평소에 심심할 때 어떤 단어가 있는지 찾아보고 체크해도 좋은 공부이다. 혹은 글을 쓰다가 자주 쓰는 단어의 비슷한 어휘를 검색해서 대체해보는 것도 좋은 방법이다.

6. 문장 간의 강,약 대비 주기

연이어 짧은 문장들이 이어져 있다면? 혹 긴 문장들만 있다면 어떨까? 사람의 뇌는 너무 반복되는 비슷한 구조에서 쉽게 피로함을 느낀다. 시간이 지나면 '지루하다'라고 더 빨리 느껴질 수 있는 부분이다. 글을 읽을 때도 마찬가지이다. 문장에 대비를 주어야 쉽게 글이 좀 더 매력적으로 읽힌다. 어떻게 보면 문장의 밀당이라고 할 수 있겠다. 한 문단 안에서 연이어 나열되고 있는 문장들의 길이를 살펴보자. 보통은 글을 쓸 때 생각한 바를 풀어내는 과정에서 글이 늘어지는 경우가 많다. 길어진 문장들은 한 번씩 중간에 매우 짧게 쳐내면 대비를 줄 수 있다. 문장 길이는 읽는 속도를 조절하게 해서 독서의 리듬감을 줄 수 있는 요소가 된다. 해당 내용의 분위기에 따라 이러한 문장 길이에 따른 속도감을 줘볼 수 있다.

7. 앞, 뒤 문장의 연결이 자연스러운지 살펴본다

글은 문장끼리 연결도 중요하다. 앞 문장과의 관계, 뒤 문장과의 관계 이런 연결이 논리적일수록 글을 읽을 때 매끄러운 사고의 과정을 느낄 수 있다. 그래서 문장 하나를 잘 쓰는 것도 중요하지만 각 글들이 연결이 돼야 한다. 문장 하나를 쓴 다음에 뒤에 어떤 내용이 와야 '~그래서, ~이렇다'로 자연스럽게 연결이 되는지 끊임없이 생각해야 한다. 초고일수록 글 사이의 연결이 뚝 뚝 끊어질 수도 있다. 머릿속에 떠오르는 생각의 흐름대로 먼저 풀어내서이다. 일단 글을 최대한 논리적으로 작성해 나가고, 나중에 천천히 읽어보면서 연결 이음새가 약한 부분을 찾아낸다. 그리고 더 긴밀히 이어질 수 있도록 해당 문장들 간의 위치를 바꾸거나, 삭제, 재 작성으로 글을 다듬어 나간다.

8. 입으로 소리내어 문장을 읽어보자

위와 같은 방법으로 문장을 빠르게 다듬어 나가는 것이 좋다. 하지만 문장이 어디가 이상한지 파악하는 것 자체가 어렵다면 글을 소리 내어 읽어보자. 시각은 문장을 하나의 덩어리로 인식하지만 청각은 낱말과 어휘 구조 하나하나를 정확히 듣고 해석한다. 이 때문에 문장을 소리 내어 읽으면 말이 되지 않는 부분을 금방 찾을 수 있다. 듣기에 어색하게 느껴지는 곳에 멈춰 글의 구조를 확인하고 수정해볼 수 있다. 소리 내어 읽는 방법은 눈으로만 볼 때 보다 소요되는 시간이 늘어나므로 문장 검토가 어려운 부분들만 위주로 검토하는 것이 효율적일 수 있다.

거의 완성작에 가까운 원고를 만들어냈다는 착각이야말로
초고의 선사하는 최고의 즐거움이다.
그리고 초고에 완전히 속지는 않았다는 깨달음이
퇴고 과정이 주는 또 다른 기쁨이다.
― 줄리언 반스

초고

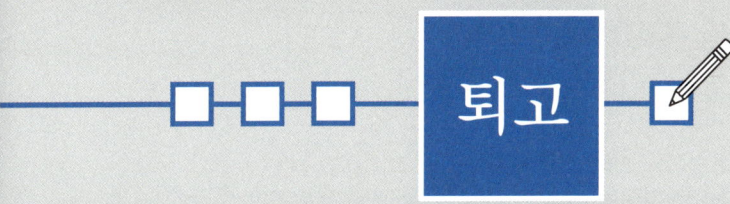

초보 작가의 경우 퇴고를 소홀히 하기가 쉬운데,
그것은 초고를 완성했다는 그 자체만으로도
스스로 너무나 만족해버리기 때문이다.
그래서는 곤란하다. 글은 고칠수록 좋아진다.
고칠 시간이 부족해서 문제이고 고치지 않아서 문제인 것이다.

- 김무영, 「글쓰기 비행학교」中

18 퇴고에 얼마나 시간을 쏟고, 공을 들이나요?

퇴고

* **초고보다 중요한 퇴고**

초보 작가와 능숙한 작가 중 퇴고에 많은 시간을 쏟는 쪽은 어디일까요?
신기하게도 경험과 연륜이 있는 작가 일수록 퇴고를 진지하게 생각합니다.
빠른 완성보다 더 중요한 것이 무엇인지 알기 때문입니다.
독자들에게 부끄럽지 않은 글을 전하기 위해,
자신의 글에 깊이와 전문성을 넣기 위해 노력합니다.
마치 장인이 오랜 시간 한 가지 일에 집중하는 것과 같습니다.

초보 작가들은 왜 퇴고를 상대적으로
진지하게 여기지 않을까요?
가장 큰 이유는 '조급'하기 때문입니다.
창작 활동만으로는 경제적인 수익 확보가 어렵습니다.
생계를 위해 빨리 책을 만들어 판매해보려고 합니다.
혹은 아직 대표작이 없다면,
베스트셀러가 되는 다른 작가들을 보고
자신도 그 대열에 빨리 합류하고 싶기 때문입니다.

위와 같은 초보 작가의 고충을 이해합니다.
저 또한 그런 조급한 시간을 지나왔기 때문입니다.
하지만 조급함에 붙잡혀 빨리 완성하는데만 집중한다면,
책이 나온 후 후회와 반성의 시간만 더 늘어날 것입니다.
작업의 완성도가 높아져 가는데는 단계가 있습니다.
아직 초보자의 조급함에 머물러 있다고 좌절하지 않아도 괜찮습니다.
포기하지 않는다면 발전하는 과정일 뿐이기 때문입니다.
조급함을 이겨내고 인내로 작업해야 초보자 위치를 벗어날 수 있습니다.
공부하고, 배우고, 발전하면서, 나만의 작가 세계를 만들어 가다보면
어느순간 창작의 숙련도가 쌓이고 작품의 전문성이 생길 것입니다.

* **퇴고, 얼마나 해야할까?**

　　퇴고의 중요성을 인지한 여러분은 이제 글을 수정할 계획을 세울 것입니다.
　　그렇다면 어느정도에 퇴고 횟수로 만족하시겠습니까?
　　3번 정도면 될까요? 아니면 5번이면 충분할까요?
　　사실 몇 번해야 한다는 정해진 기준은 없습니다.
　　많이 하면 좋지만, 또 너무 많이 하다가는 진이 빠져버릴 수 있습니다.
　　어떤 책에서는 퇴고를 20번은 해야 한다고 말합니다.
　　또 다른 책에서는 퇴고를 최소 3번만 해도 된다고 합니다.
　　결국 작업 기준과 계획은 작가에게 달려 있습니다.
　　3번을 진지하게 하든, 20번을 빠르게 하든, 중심있는 기준이 있어야 합니다.

* **부끄러움으로 발전하기**

　　퇴고의 중요성을 단번에 새기는 좋은 특효약이 있습니다.
　　조금 극단적으로 들릴지 모르겠지만, 바로 실패해보는 일입니다.
　　상대적으로 부족한 완성도를 지닌 자신의 창작물의 민낯을 마주하는 일입니다.
　　혹은 독자들에게 날카로운 비판을 듣는 일입니다.
　　부끄러움으로 얻은 상처는 다음 작업에 더욱 진중하게 임하게 만듭니다.
　　실패하기를 두려워하는 창작은 발전이 더딜 수 밖에 없습니다.
　　성공하든, 실패하든 도전과 창작은 그 자체로 배움이 있습니다.

「글쓰기의 절반은 퇴고에 할애하라.
　퇴고를 제대로 하려면,
　글을 쓰는 계획 단계에서부터 퇴고 계획을 포함시켜야 한다.」

_〈탄탄한 문장력〉 中

「사실 헤밍웨이도 〈무기여 잘 있거라〉를
　최소한 39번 이상 고쳤다고 말했다.
　헤밍웨이는 '모든 초고는 쓰레기다'라는 말로도 유명하다.
　글쓰기가 어려운 까닭은, 처음부터 명작을 쓸 수 있는
　사람이란 아무도 존재하지 않기 때문에 그렇다.」

_〈글쓰기 비행학교〉 中

PART.2 〈창작〉- "에세이를 쓰자!"

19
퇴고

초고보다 중요한 퇴고
4 단계 방법

* 퇴고를 중요하게!

퇴고의 중요성을 알았다면, 이제 퇴고 방법을 살펴봐야겠습니다.
퇴고는 어떻게 글을 수정해야 할까요?
글을 처음부터 끝까지 정독하면서 글을 수정해야 할까요?
물론 그와 같이 천천히 글을 고치는 방법도 있겠습니다.
헤밍웨이처럼 퇴고에 많은 공을 들여 완성도를 높이는 것도 좋습니다.

하지만 좀 더 효율적이고 시간을 단축하면서,
퇴고하기를 원하는 분들께 다음과 같은 내용을 전해드립니다.
4가지 단계로 나눠, 부분을 집중적으로 퇴고하는 과정입니다.
〈1단계-원고 보완〉〈2단계-자료 확인〉〈3단계 윤문·교정〉〈4단계 맞춤법〉 입니다.
각 단계를 모두 따로 따로 점검하는 가지는게 제일 좋습니다.
하지만 시간을 단축하고 싶다면, 단계를 합쳐서 살펴볼 수 있습니다.
4가지 단계를 나열했다고, 4번만 퇴고하면 충분하다는 말이 아닙니다.
각 단계를 반복적으로 많이 하면 그만큼 글이 더 다듬어집니다.
퇴고 계획을 정할 때 어떤 단계를 몇 번할지 생각해보셔도 됩니다.
또 내용에 따라 더 집중적으로 시간을 투자해야할 곳도 정해볼 수 있습니다.

모든 단계는 그 목적에 따라 모두 중요합니다.
더 집중해야 할 단계는 다를지라도,
생략해도 되는 단계는 없습니다.

원고 보완이 제대로 되지 않으면, 내용이 빈약해집니다.
자료 확인이 제대로 되지 않으면, 오류가 나올 수 있습니다.
윤문과 교정이 제대로 되지 않으면, 글 읽기가 힘들어집니다.
맞춤법이 제대로 되지 않으면, 책의 신뢰가 떨어집니다.
각 단계가 잘 마무리 되지 않은 부족함의 정도는
독자들에게 그대로 전달됩니다.

〈1 단계〉 원고 보완

첫 번째는 초고를 다시 모두 읽어보면서 내용을 수정하고 보완해가는 글쓰기입니다. 초고는 머릿속에 그때 그때 떠오른 내용을 옮기느라 어색한 문장들이 많습니다. 원고 보완에서는 천천히 글을 다 읽어보며 진행합니다.

- 목차 구성이 알맞게 짜여져 있는지 점검하기.
- 글의 순서나 구성을 통째로 바꾸거나 보완하기.
- 논점을 뒷 받침하는 내용이 부실하면, 자료나 내용을 추가하기.
- 초고를 뼈대 삼아 더 발전한 구성으로 새로 글 쓰기.

〈2 단계〉 자료 확인

인용이나 자료들을 넣을 때 잘 확인해야 합니다. 잘못된 내용이나 사실은 없는지, 출처가 맞는지, 혹은 사회적으로 문제될 소지가 없는지 등입니다. 또 전문 지식을 전하는 책은 전문가 감수를 꼭 거쳐야 합니다.

- 뉴스, 수치, 통계 등 사실이 명확한 자료의 오류 여부 확인.
- 사회적으로 예민한 문제를 건드는 내용이나 자료가 들어갔는지 점검.
- 조사한 자료들의 출처가 신뢰할 수 있는 곳인지 확인.
- 전문 지식 도서는 해당 분야 전문가 감수.

〈3 단계〉 윤문·교정

1단계에서 원고 보완은 전체적인 내용을 덩어리로 점검하고 보완하는데 더 힘이 들어갑니다. 윤문 교정은 확정된 글 구조 안에서 문장을 개별적으로 빠르게 살펴보는 일입니다.

- 글을 처음부터 끝까지 천천히 모두 읽으며 어색한 문장 찾기.
- 입으로 소리내가며 읽으며 어색한 문장 찾기.
- 문장을 자연스럽게 바꾸기 위해 좋은 문장들을 비교하며 작성하기.
- 문법과 문장 성분을 체크하면서 올바른 문장을 쓰려고 노력하기.

〈4 단계〉 맞춤법

(1~3)단계에서 눈에 띄는 오타를 바로 고칠 수 있습니다. 그 다음 원고 정리가 끝났다면, 맞춤법은 마지막에 집중하는 시간을 둡니다. 더 이상 고칠 문장이 없어야, 맞춤법 점검 이후에 새로운 오타가 나오지 않습니다.

- 맞춤법은 1번으로 부족하며, 최소 3번까지 오타를 찾아보기.
- 새롭게 보기 위해 2~3명이 같이 맞춤법을 봐주기.
- 맞춤법 검사기를 이용한다고 해도 변경 사항을 직접 확인해야 함.
- 맞춤법 책을 살펴보면서 올바른 표기가 되도록 노력하기.

이 책은 워크북으로 꼭 필요한 개념만 전하고 있습니다. 다른 전문 책들을 함께 보며 공부하시면 더 좋습니다.

○ '글쓰기' 공부에 참고하기 좋은 책 ○

시중에 글쓰기 책이 참 많이 있습니다. 그중 나에게 필요한 내용이 있는 책들을 찾아 읽어봅시다. 다음은 제가 읽은 것 중 도움을 받은 책들을 소개해 봅니다.

에세이를 써보고 싶으세요?

김은경 (저)

추천 이유

책쓰기가 처음인 분들에게 가볍게 준비 할 수 있도록 해줍니다. 글 쓰는 방법이외에 작가적인 자기계발 내용들도 들어 있어서 마음을 잡는데 도와줍니다. 저자인 김은경 편집자의 개인적인 경험으로 풀어진 이야기가 쉽고 빠르게 읽혀집니다. 어렵지 않은 내용으로 편안하게 책을 읽을 수 있습니다.

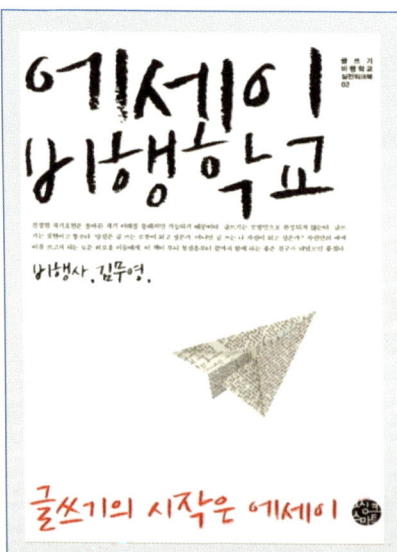

에세이 비행학교

김무영 (저)

추천 이유

저자는 글쓰기·에세이 워크숍을 꾸준히 진행하고 있습니다. 워크숍에서 글쓰기 지도를 위해 직접 만든 책인 만큼 이론과 실습 내용이 잘 짜여져 있습니다. 또 에세이에 대한 기본적인 개요들도 잘 담겨 있습니다. 중간 중간 들어있는 실습 부분에는 글쓰기를 돕는 질문이 삽입되어 있어 작문 연습을 해보실 수 있습니다.

○ '문장' 공부에 참고하기 좋은 책 ○

글을 쓰려고 하면 머리가 멈추는 분들, 쓰여지는 문장이 평이하다고 여겨지는 분들께 추천합니다. 문장 구조를 배우면, 더 다양한 글쓰기가 가능합니다.

탄탄한 문장력

브랜던 로열 (저)

추천 이유

이 책은 보기 좋은 글과 문장을 쓰는 20가지 법칙을 안내합니다. 군더더기 없이 필요한 설명만 들어 있습니다. 작가가 자신의 이야기를 전하는 자기계발적인 내용은 많이 덜어져 있습니다. 그래서 글쓰기 이론 도서가 필요한 분들에게 제격입니다. 1장 구조, 2장 문체, 3장 가독성으로 구분되어 있습니다. 글쓰기의 폭을 넓히기 원하는 분들에게 추천합니다.

끌리는 문장은 따로 있다

멘탈리스트 DaiGo (저)

추천 이유

책 제목부터 눈길이 갑니다. 작가는 제목에 공감하면서, 내가 쓰는 글은 과연 끌리는 문장일까 하며 한번 돌아보게 됩니다. 글을 쓰다가 한번쯤 이런 고민이 들었다면, 이 책이 도움이 될 것입니다. 독자의 마음을 사로잡을 수 있는 글쓰기 방법에 대해 안내합니다. 에세이나 소설이나, 글을 계속 쓰는 사람이라면 한번쯤 읽어보면 좋습니다.

○ '교정' 공부에 참고하기 좋은 책 ○

작가라면 누구나 자신이 쓰는 문장이 더 좋아지길 원합니다. 글 쓰는게 익숙해지셨다면, 이제는 더 바른 문장을 쓰기 위한 공부와 노력을 게을리 하면 안됩니다.

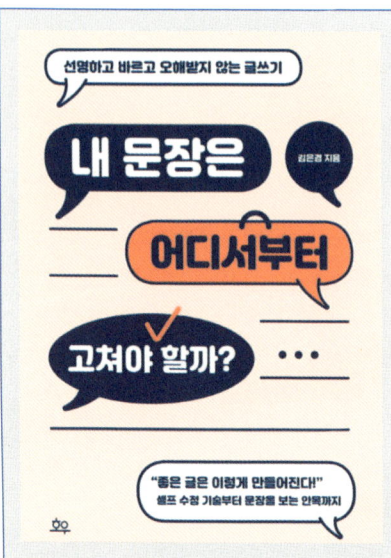

내 문장은 어디서부터 고쳐야 할까

김은경 (저)

추천 이유

글을 군더더기 없이 담백하게 쓰는 법을 지도하는 책입니다. '의식의 흐름에 따라 글을 썼던 사람, 글을 잘 쓰는 법을 배우고 싶지만 딱딱한 맞춤법 책이나 문장론이 내키지 않았던 사람, 내가 쓴 글이 어딘지 어색해 보이는 사람'에게 이 책을 전한다고 소개 되어 있습니다. 내 문체가 비교적 길고, 의미가 명확하게 전달되지 않는다고 느낀다면 본 책을 추천합니다.

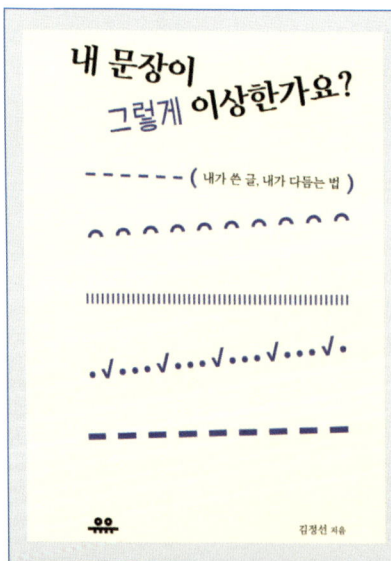

내 문장이 그렇게 이상한가요?

김정선 (저)

추천 이유

유유 출판사는 창작 실용서 시리즈를 많이 만들고 있습니다. 그 중 김정선 저자는 교정·교열 전문가로 여러 편집과 교정 관련 책들을 출간했습니다. 이 책은 어색한 문장을 보기 좋고 쉽게 읽히는 문장으로 바꾸는 비결을 소개합니다. 기본적인 문법을 익히며 매끄러운 문장 쓰기를 배워갈 수 있습니다.

○ '맞춤법' 공부에 참고하기 좋은 책 ○

원고를 최종 완성하는 가장 마지막 단계는 맞춤법 교정입니다. 맞춤법 자동 프로그램은 100% 정확하다고 볼 수 없기 때문에 직접 교정과 함께 완성해야 합니다.

열린책들 편집 매뉴얼

열린책들 편집부 (엮음)

추천 이유

열린책들 편집주에서는 매년 편집 매뉴얼을 출간합니다. 책은 사전 같이 구성되어 있고, 꽤 두껍습니다. 원고를 검토하고 올바른 맞춤법으로 수정할 수 있는 내용을 담고 있습니다. 매년 변경된 매뉴얼을 추가하여 내용을 추가하여 책이 나옵니다. 꼭 매년 새 책을 살 필요는 없습니다. 지금 당장 필요없을지라도, 한 권쯤 구비해놓고 필요할 때 참고하기 좋습니다.

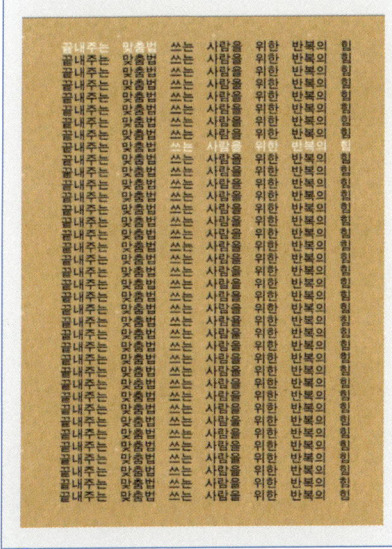

끝내주는 맞춤법

김정선 (저)

추천 이유

김정선 저자의 맞춤법 이론서입니다. 사람들이 자주 틀리는 맞춤법 실수 위주로 책이 엮어져 있습니다. 총 20단계로 이루어진 책에서는 저자가 직접 만든 예문 3,000개가 수록되어 있다고 합니다. 꼭 필요한 맞춤법 가이드가 담겨 있어, 글을 쓸 때 현실적인 도움을 받을 수 있습니다. 맞춤법이 약하다고 느낀다면 이 책으로 공부해보시길 추천드립니다.

20 더 나은 발전을 위한 피드백 듣기

퇴고

* 피드백을 중요하게!

퇴고 단계에서 내 글의 피드백을 받아 봅시다.
꼭 피드백을 받아야 하는 것은 아닙니다.
다만 아직 스스로 작업의 완성도를 다듬기 부족하다 여긴다면,
주변 신뢰의 대상에게 조언을 받는게 좋습니다.
누군가의 조언을 듣는 것은 쉽지 않습니다.
많은 사람들이 피드백을 기피하는 이유는
자신의 소중한 작업이 판단받기 원하지 않기 때문입니다.
여기에는 거절감에 대한 두려움도 있습니다.
부족함이 드러날까봐 부끄러워하는 마음도 있습니다.

피드백에 두려워하지 않아야 성장할 수 있습니다.
작가가 지켜야할 자존심은
작업의 평가 여부에 두는 것이 아니라,
더 완성도 있는 작품을 만들어내겠다는
겸손한 투지에 있어야 합니다.

* 피드백의 단계와 방법

다음으로 피드백을 받고 수용하기까지의 4가지 방법을 안내합니다.
피드백을 부탁하는데 두려워하지 않음을 연습해야 하고,
칭찬 보다 필요한 조언을 해주는 사람들을 곁에 둬야 하고,
달면 삼키고 쓰면 뱉는 식으로 피드백을 반박하지 않아야 합니다.
그 다음 필요한 조언을 적용하고 발전해나갈 수 있어야 합니다.
굳이 많은 사람에게 부탁하지 않아도 됩니다.
창작 모임을 참여하면서 피드백이 당연한 수순이 되게 해도 좋습니다.
타인에게 피드백을 받는 일이 정 힘들다면,
스스로 객관적인 평가를 할 수 있도록 최대한 노력해야 합니다.

▶ 피드백을 두려워하지 않기

자신이 작업이 스스로 생각할 때 '완벽'하다고 여기는 작가는 평가를 거부합니다. 혹은 내 부족함을 마주하는게 무섭기 때문입니다. 어떤 쪽이든 좋은 발전 방향은 아닙니다. 피드백을 겁내지 않는 방법이 있을까요? 그것은 '부족함을 인정'하는데서 부터입니다. 내 작업이 '완벽하지 않음'을 알고 있는 것이 시작입니다. 이 사실을 이미 알고 있기 때문에 피드백이 무섭지 않고 당연해집니다. 오히려 좋은 의견을 받을 수 있음에 감사할 수 있습니다.

실습 22 : 더 나은 발전을 위해 작업의 부족한 부분을 듣는 것을 두려워하지 않는 연습을 합니다.

▶ 신뢰가는 사람들에게 물어보기

피드백을 신뢰가는 사람에게 부탁하는 것을 추천합니다. 누군가에게 부탁하고, 의견을 듣는 일도 에너지가 소모되기 때문에, 필요한 만큼 알맞게 에너지를 소진하는게 좋습니다. 또 피드백을 해주는걸 어려워 하는 사람들도 있습니다. 자신이 남의 작품에 의견을 말하는게 미안해서입니다. 이런 분들은 처음부터 '솔직하게 말해달라'고 덧붙입니다. 혹은 처음부터 통찰력 있는 의견을 잘 얘기하는 분들에게 여쭤보는게 좋습니다. 이때 칭찬만 해주는 사람도 피합니다.

실습 23 : 칭찬만 해주는 사람보다는, 객관적이고 진심으로 조언해주는 사람을 찾습니다.

▶ 일단 수용하고 감사하기

피드백을 수용하는데 어려워 하는 분들도 많습니다. (1)번과 연결됩니다. 좋은 말은 기뻐하고, 안 좋은 말은 반박합니다. 왜 그렇게 작업했는지 장황하게 설명하며 설득합니다. 그럴때 피드백해 준 사람은 결국 '작가가 좋을대로 하세요.'라고 끝 맺어버릴 뿐입니다. 조언도 사람도 다 잃게 됩니다. 피드백 대상자는 독자의 입장에서 전한 것 뿐입니다. 작가의 숨겨진 의도를 알고 이해해야 할 필요가 없습니다. 논쟁이 필요한 상황이 아니라면, 굳이 토달지 않고 의견을 수용합니다.

실습 24 : 피드백을 수용하는 자세는 더 중요합니다. 겸손하게 수용하는 태도를 먼저 가집니다.

▶ 필요한 부분들은 반영하기

(3)번에서 일단 수용하라는 의미는 받은 의견을 모두 따라야 한다는 뜻이 아닙니다. 일단 의견을 다 받은 후 종합하여 검토하는 시간을 가집니다. 그때 걸러야 할 의견은 생략하고, 참고하여 수정해야 할 의견은 반영하면 됩니다. 어디까지나 작품의 창작은 작가의 몫이기 때문입니다. 또 시간이 지난 다음, 생각이 바뀌는 경우도 있습니다. 그래서 (3)번에서 바로 반박을 하면, 나중에 내 생각이 변해도 다시 반영하기가 더 부끄러워집니다.

실습 25 : 중심을 잃지 않으면서 작업에 필요한 부분들을 알맞게 반영해나가도록 합니다.

원고 완성과 성취감
출판의 꿈

* 피드백을 중요하게!

긴 시간 끈기를 갖고 책쓰기에 성공하신 여러분들에게 박수를 드립니다.
창작이라는 1단계 성취감을 얻으셨을 것입니다.
성취감은 어떤 방향으로든 연소됩니다.

작품 마무리에서 얻은 성취감은
한 단계 더 발전할 수 있는 힘을 주거나,
새로운 도전을 시도하게 하는 자극을 줍니다.
개인 창작을 넘어 상품을 만들 준비를 하기도 합니다.
혹은 창작이란 분야를 접을 수 있는 용기를 주기도 합니다.
내게 맞는 길을 알게되는 것도 정말 중요합니다.

원고가 마무리 되면 책으로 만들어
대중들에게 선보이고 싶어집니다.
혼자 만족하기 위해 창작하는 작가는 거의 없습니다.
그래서 창작은 고립이 아니라, 연결입니다.
작가는 작품을 통해 대중들과 소통합니다.

* 출판 도전 준비하기

열심히 만든 소중한 원고를 어떻게 책으로 낼 수 있을까요?
사실 창작보다 중요한 것은 제작과 판매입니다.
출판으로 넘어가면 작가가 생각하는대로 움직여지지 않기 때문입니다.
특히 작가의 희망과 무색하게 얼마나 책이 판매될지 알 수 없습니다.
출판사를 찾는 일도, 개인 출판을 진행하는 일도 간단하지 않습니다.
이 책의 마지막에는 이러한 출판과 관련된 내용을 전합니다.
여러분이 어떻게 창작을 출판으로 이어갈 수 있을지 그 방향을 안내합니다.
오른쪽 책 제작 과정을 살펴본 후 부록의 출판 내용을 알아봅시다.

【한 눈에 보는 출판 프로세스】

출판사(회사)와 작가(개인)의 기준점에서 출판의 과정 한눈에 볼 수 있다.
기획자, 편집자, 디자이너, 작가의 주요 업무들을 눈여겨 살펴보자.

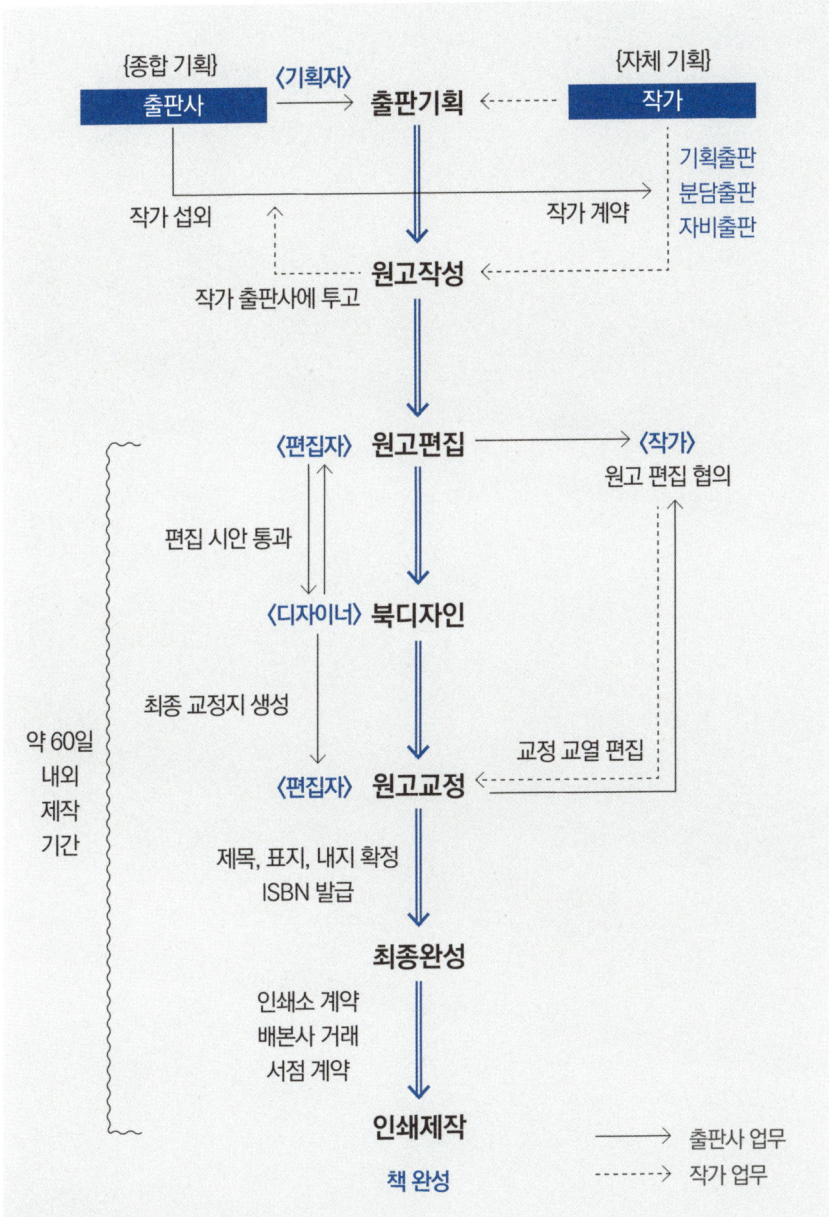

부록

부록은 내용은 저자의 다른 책 '책쓰기와 출판코칭' 중 일부 발췌글입니다.

- 질문에 답하다
  출판 QnA

- 나도 출간 할 수 있을까?
  막연한 목표 재 정리

- 독립 출판? 1인 출판?
  상황에 맞는 3가지 고려 기준

- 제작비 0원으로 시작해서
  책을 만들 수 있는 방법?

- 1인 출판과 독립 출판의
  비교 정리

- 1인 출판과 독립 출판의
  업무 진행 표

- 1인·독립 출판
  살아남는 업무 전략

- 창작 도움 책 추천

부록 | 출판과 제작

질문에 답하다, 출판 QnA

Q. 하루에 몇 시간 글을 쓰는게 좋을까?

책 쓰기는 생각보다 에너지가 많이 소모되는 활동입니다. 단순히 머릿속에 떠오르는 문장을 나열하는 글이 아니기 때문입니다. 주제 안에서 방향을 잃지 않아야 하며, 현재 쓰고 있는 내용을 논리적으로 전개해야 합니다. 또 처음-중간-끝의 구조도 생각해야 합니다. 그래서 집필하는 동안은 순간 집중도가 매우 높습니다. 오로지 적고 있는 글만 떠올려야 하기 때문이죠. 집중해서 글을 쓸 때면 금세 시간이 지나있습니다. A4 한 장 가득 글을 쓰는데 몇 시간이 소요되는 분들도 있습니다. 그래서 종일 글만 쓰는 생활 리듬은 추천하지 않습니다. 보통 하루 글쓰기 시간은 적게는 1~2시간, 많게는 4~5시간 정도 규칙적으로 하면 좋습니다. 글쓰기는 체력이 있어야 합니다. 오랜 시간 앉아서 글을 써야 하는 만큼, 지구력도 필수 있습니다. 기초 체력이 있어야 작가로 살아갈 수 있습니다. 운동과 생활 활동으로 두뇌에 활력을 공급하면서 진행해야 합니다.

목표 : 집중이 가장 잘되는 시간을 찾고, 매일 꾸준한 글을 써보자.

Q. 책 한권 쓰는데 보통 몇 개월이 걸릴까?

한국 사람들은 빨리빨리를 좋아합니다. 작업도, 결과도, 성과도 빨리 나오길 원합니다. 책을 처음 써보는 분들도 당연히 빨리 완성하고 싶어 합니다. 온라인에서 홍보하는 글쓰기 워크숍에서 심심찮게 발견되는 마케팅 문구에도 '빨리'가 제시됩니다. '3개월 만에 출판하기, 6주 완성 워크숍' 등입니다. 물론 3개월 만에 책 한 권 쓸 수 있습니다. 저도 첫 작품을 쓰는데 그 정도 걸렸습니다. 또 저는 책 한 권 쓰고 출판 하기까지 평균 4개월이 걸립니다. 하지만 그렇게 가능했던 이유는 제가 잘 알고 있는 전문 분야의 실용 서적을 만들었기 때문입니다. 만약 에세이를 쓴다고 하면, 출판할 수준의 원고를 마무리하기까지 6개월 이상이 걸릴 것이라고 여겨집니다. '글을 다 썼다'가 아니라 '글을 완성했다'로 가기 위해서입니다. 다 쓴 글과 완성된 글에는 차이가 있습니다. 완성은 더 수정할 부분이 없는 상태입니다. 하나의 작품을 만들기 위해 속도에 너무 연연하지 마시길 바랍니다. 중요한 것은 '빠른' 작업이 아니라 '바른' 작업입니다.

목표 : '다쓴 글'이 아니라 '완성한 글'을 위하여 장기간 집중하기.

Q. 책 한권이 나오는 집필 분량은 어느정도 일까요?

보통 제시되는 단행본 한 권 쓰기 분량은 이렇습니다. 신국판 사이즈에서 ±250p 정도가 평균적인 책의 분량일 때, a4용지(글자 10~11pt) 100매 정도입니다. 200자 원고지 형태로 쓴다고 하면, 800매 정도입니다. 글이 많이 안 들어가는 책은 위 기준보다 현저히 적은 분량이 됩니다. 하지만 에세이는 다른 서적에 비해 크기가 작고 페이지 수가 적은 책이 많습니다. 에세이 주제의 주축인 '힐링과 위로'라는 특성상 너무 무거운 느낌을 주지 않기 위해서입니다. 그래서 에세이 한 권을 내기 위한 필요 분량은 위 기준보다 더 적어지기도 합니다. 또 글이 거의 들어가지 않은 사진이나 그림 에세이 책들도 자주 출간됩니다. 서점에 들러 참고하기 좋은 에세이 책을 찾고 글의 분량을 살펴봅니다. 다만, 글이 적게 들어갔다고 조금 쓰고 완성했다고 생각하지 맙시다. 책 한 권 내고 싶다면, 두 권 이상 분량의 글쓰기 연습을 먼저 할 태도를 지니는 게 더 좋습니다.

목표 : A4 용지 90~110매 정도의 분량으로 책 한권 써보기.

Q. 멋진 글을 쓰는 비결이 있나요?

만약 위와 같은 질문을 갖고 있다면, '멋진 글'이 무엇이라고 생각하는지부터 되짚어봅시다. 형용사가 많은 화려한 글이 멋진 글일까요? 특별한 수식어는 없지만 담백한 감동이 있는 문장이 멋진 글일까요? 사람의 취향이 다르듯, 선호하는 문체는 다를 수 있습니다. 하지만 기본 없이는 응용도 없다는 점은 기억합시다. 글쓰기도 마찬가지입니다. 글쓰기를 하는 근본적인 목적이 기본으로 연결됩니다. 바로 가독성입니다. 글은 기록을 남기기 위해서이며, 기록은 메시지를 전하기 위해서입니다. 결과적으로 그 글을 읽는 사람이 내용을 올바르게 이해할 수 있어야 합니다. 독자가 해석하지 못하는 글, 이해하지 못하는 글은 문장의 목적을 지키지 못한 게 됩니다. 핵심은 놓치고, 겉만 꾸며봐야 의미 없습니다. 고로 멋진 글은 가독성이 좋은 데서부터 시작됩니다. 이를 위해 문법, 문장 성분, 문장 구조 등을 지켜 글을 써야 합니다. 그다음 필요에 따라 수식어를 붙여 멋을 더합니다. 더 나아가서는 작가가 몰두한 시간과 진지한 열정만큼 멋진 글로 발전할 수 있습니다.

목표 : 기본부터 확실히 다잡자. 가독성이 좋은 글을 쓰기 위해 발전하기.

질문에 답하다, 출판 QnA

Q. 출판은 어떻게 할 수 있을까?

가장 일반적인 방법은 출판사와 계약하고 책을 내는 일입니다. 출판사와 계약은 두 가지 방향이 있습니다. 먼저 출판 담당자가 원고를 보고 연락을 주거나, 작가가 직접 출판사에 문을 두드리는 경우입니다. 첫 번째는 작가가 선택하는 게 아니므로 보통 두 번째 방법으로 도전하게 됩니다. 자신의 원고를 출판사에 투고하면서 기회 구하는 것입니다. 또 다른 방법으로 1인 출판 또는 독립 출판입니다. 요즘 1인 출판으로 책을 내는 분들이 많아지고 있습니다. 출판사 신고 자체는 어렵지 않다 보니, 직접 내 책을 출판하는 도전을 합니다. 하지만 1인 출판은 인쇄하고 판매만 하면 되는 간단한 일은 아닙니다. 꾸준히 홍보하고 판매하면서 사업을 운영해나가야 합니다. 취미생활로 도전했다가 본전도 못 건지는 경우가 생깁니다. 어쨌든 결과적으로는 책을 출판하고 싶다면, 출판사를 찾거나 직접 출판사가 되거나입니다. 이러한 각 과정의 방향과 장단점을 뒷 장에 이어서 자세히 설명합니다. 정말 출판하는 게 꿈이라면 어떤 방향으로 도전할지 목표를 세워봅시다.

목표 : 출판사 투고, 1인 출판, 독립 출판, 출판을 위한 새로운 도전하기.

Q. 출판사 투고하는 tip ?

투고 메일은 어떻게 보내야 할까요? 어떤 분들은 원고 파일만 첨부하고 별 다른 설명을 하지 않습니다. 다른 어떤 분들은 원고 파일을 첨부하고 메일에 구구절절 원고가 얼마나 좋은지 소개합니다. 둘 다 별로 추천하지 않습니다. 출판사는 나의 예비 투자자입니다. 투자자를 잡기 위해서는 예의와 격식도 중요합니다. 메일 내용에는 꼭 필요한 인사말로 너무 길지 않게 적는 게 좋습니다. 누구인지, 왜 메일을 보내게 되었는지, 원고의 주제를 간결하게 표현하도록 말입니다. 누군지도 모르는 사람의 구구절절 소개한 말을 읽는 것보다, 예의 있고 깔끔한 내용이 더 눈에 갑니다. 그다음 원고 파일과 함께 출간 기획서를 첨부합니다. 이때 출간 기획서는 작가의 한 장 짜리 책 소개 문서라고 생각하면 됩니다. 기획서에는 '내 원고가 최고로 좋아요'라는 느낌보다는 장점/강점/기획 의도 등 객관적인 분석 내용이 들어가야 합니다. 그래야 출판 담당자가 다양한 관점으로 고민할 수 있습니다.

목표 : 원고와 출간 기획서와 깔끔한 소개 내용으로 예의 있게 메일 쓰기.

Q. 출판 계약 시 중요한 점은?

첫 계약을 하게 되는 순간 마음이 벅차오릅니다. 이제 모든 게 잘 풀릴 것 같습니다.(1인 출판으로 책을 직접 제작할 때도 같은 마음입니다.) 하지만 꿈꾸는 이상이 모두 현실로 되지 않습니다. 계약은 계약일 뿐이고, 제작과 판매는 새로운 시작이기 때문입니다. 그래서 첫 계약을 하게 됐다고 부푼 마음으로 신중함을 놓치면 안 됩니다. 출판 담당자와 충분한 대화로 어떤 방향으로 책이 제작되는지 알아야 합니다. 또 계약서를 세밀하게 검토합니다. 담당자는 각 조항을 설명하며 계약을 체결합니다. 이때 작가는 미리 기본적인 저작권리나 계약 조항을 알아가는 게 좋습니다. 아무것도 모르면, 설명을 들어도 내용이 타당한지 잘 알 수 없습니다. 어디서 출판 저작권리에 대한 내용을 배울 수 있을까요? 한국출판문화진흥원 홈페이지에 들어가면 표준계약서 해설 파일을 다운로드할 수 있고, 영상으로 설명을 들을 수 있습니다. 설명 분량이 많아서 처음 접하는 사람들은 어려울 수 있습니다. 그런 분들을 위해 개념만 정리한 〈출판 계약실무〉 파일을 만들었습니다.

목표 : 출판의 끝이 아니라, 시작이라는 생각으로 신중하게 계약을 진행하기

Q. 출판 계약 후 원고는 얼마나 수정될까?

원고의 저작자는 당연히 작가입니다. 기본적인 교정·교열·윤문은 외에 원고 내용을 출판사에서 마음대로 수정할 수 없습니다. 내용을 바꾸거나, 추가해야 할 경우 작가의 허락 및 재 작성이 요구됩니다. 작가의 글을 바꾸지 않아도 될 상황이라면 가장 좋지만, 그렇지 않을 때는 출판사의 요청에 잘 맞춰나가는 게 좋습니다. 글을 변경하려는 이유가 책을 덜 판매하기 위함이 아닐 테니까요. '더 완성도가 높아지기 위해서, 많이 판매되기 위해서' 수정이 필요하다고 판단된 부분이기 때문입니다. 내 원고에 많은 자존심을 갖기보다 발전하는 마음으로 나아가야 합니다. 책 제작 기간에 출판사와 적극 소통하며 자신의 생각을 전달하고 싶은 작가분들이 있습니다. 하지만 꼭 필요한 내용 외에는 출판 담당자를 믿고 맡길 수 있어야 합니다. 편집자, 디자이너, 마케터는 작가보다 더 객관적으로 작품을 바라보고 책에 가장 알맞은 방향을 제시해 나가는데 최선을 다하기 때문입니다.

목표 : 편집자와 소통을 통해 올바른 방향으로 책을 수정하고 완성해나갑니다.

나도 출간 할 수 있을까?
막연한 목표 재 정리

바야흐로 개인 콘텐츠의 시대다. 스마트폰의 발전은 누구나 쉽게 자신이 보고 싶은 콘텐츠를 찾을 수 있다. 쉽게 볼 수 있는 만큼 개인이 능력만 된다면 창작물을 만들어 보급하는 일도 쉬워졌다. 기업들만 할 수 있다고 여겨졌던 광고, 방송, 각종 콘텐츠 제작의 진입장벽이 대폭 낮춰졌다. 오히려 인기 있는 인플루언서들을 통해 광고가 일어나는 일도 잦아졌다. 이러한 창작물의 범위는 다양하다. 영상, 노래, 미술, 음악, 그리고 책등 개인이 만들 수 있는 모든 것들이 그에 속한다. 1인 출판, 독립 출판의 관심 역시 몇 년 전부터 꾸준히 증가하고 있다. 아무래도 어떤 장비도 필요하지 않고 가장 편리하게 할 수 있으며, 의미도 있기 때문이다. 앞으로도 '내 책 쓰기'에 관한 사람들의 호응은 쉽게 사그라들지 않고 일정한 수요를 계속 유지될 것으로 본다.

저마다의 인생에는 스토리가 있다. 자신의 삶의 이야기나 가치관, 그리고 전하고 싶은 메시지를 기록하고 남긴다는 일은 굉장히 멋진 일임은 분명하다. 그래서 책 출간을 인생의 버킷 리스트로 둔 사람들이 많다. 이런 사람들을 위한 글쓰기, 책쓰기 모임들도 생겨났다. 출판 관련 키워드로 검색만 해도 책 제작 대행업체와 인쇄소 등 다양한 사이트를 살펴볼 수 있어서 마음만 먹으면 누구나 책을 만들 수는 있게 된 것이다. 여기서 중요한 점은 '만들 수는' 있다는 것이다. 제작된 책이 독자에게 선택될지는 알 수 없다. 완성이란 목표만으로 사비를 들여 책을 내는 것이라면 상관없지만, 대다수의 예비 작가들은 책을 통해 제2의 인생을 살길 꿈꾸며 시작한다. '회사를 다니면서 몰래 글을 써서 작가로 엄청 성공했다.', '에세이가 대박 나서 금세 젊은 작가로 이름이 알려졌어.' 등의 이야기를 접하며 자신에게도 그 기회가 오길 소망하며 말이다. 집필을 완료한 작가는 출판을 꿈꾼다. 출판사에 열심히 투고를 해보기도 한다. 그중에는 직접 출판에 도전하리라 마음먹는 사람들이 나온다. 혹은 책 그 자체가 좋아서 출판사를 시작하기도 한다. 어떤 의미로든 '내 멋진 출판사'를 시작해보는 분들은 응원한다. 다만 막연히 시작하는 것은 비추이다. 모든 사업이 그렇듯, 출판도 역시 공부하고 알아보며 사업의 발판을 마련해나가야 한다. 어떻게 초반 운영의 방향을 전략적으로 기반을 잡아나갈 것인지 고민 후 시작하자. 단순히 책 한 권 쓰고 제작하는 일은 시간과 돈만 있으면 누구나 할 수 있다. 하지만

'책을 만들어서 수익을 얻는 일'은 노력에 비례하지는 않는다. 모든 투자가 그러하듯, 불확실한 결과에 많은 에너지를 쏟는 것은 결코 쉬운 일이 아니다.

원고를 쓰는 일은 작가의 역량에 달렸지만 보통 몇 달은 걸린다. 최종 완성을 위해 글을 편집하고 다듬는 기간도 최소 1달은 소요될 것이다. 여기에 디자인하고 제작하는 일까지 더하면 또 약 1달이 걸린다. 또 본격적인 출판을 위한 인쇄비만 최소 2~300만 원, 가볍게 시작하기엔 부담이 되는 금액이다. 그렇게 장기간 시간과 큰돈을 들여 만든 책이 팔리지 않는다면 어떨까? 진이 빠지고 낙담이 된다. 한번 도전해 본 뒤 1인 출판을 더는 하지 않을지도 모른다. 실제로 등록된 출판사에 비해 활동하는 출판사가 현저히 적음이 이를 나타낸다. 우선 책을 만들고 싶은 그 목표를 다시 한번 점검해보자.

1) 내가 직접 만든 콘텐츠로 책 한 권 완성에 의미를 두는 목표.
　(수익은 덤/ 없어도 상관없음)

2) 책을 만들어서 나를 알리고, 판매까지 진행.
　(판매를 통한 수익 목표)

1번이 목표인 경우는 콘텐츠를 만들고 제작만 신경 쓰면 돼서 큰 어려움이 없다. 욕심 없이 만들고 싶은 분들은 우선 글을 써라. 완성된 글을 책으로 제작해 주는 업체들은 어렵지 않게 찾을 수 있다. 1번보다는 2번의 목표로 책 쓰기와 출판을 염두에 두는 분들이 훨씬 많다. 이런 분들에게 한 가지 질문하고 싶다.

"당신은 자신의 글을 콘텐츠로 만들어 판매하는 방법을 얼마나 알고 있는가?"

'인쇄 출판!'이라고 말할지도 모른다. 출판에도 종류가 있다. 또 글이 돈이 될 수 있는 다른 방법들도 있다. 세부적인 경로를 알고 현재 상황에서 나에게 맞는 방향으로 먼저 진입해봐도 좋다.

독립 출판? 1인 출판?
상황에 맞는 3가지 고려 기준

앞서 글을 콘텐츠로 만들어 판매해볼 수 있는 2가지 집인 방법을 알아봤다. 이왕이면 본격적으로 인쇄 책을 만들고 싶은 분들은 고민이 된다. 독립 출판이냐, 아니면 1인 출판을 도전해볼 것인지다. 무엇보다도 독립 출판은 기성 서점(교보, 알라딘 등)에 납품할 수 없기 때문이다. 그렇다고 덜컥 사업을 해도 괜찮을지 걱정이 든다. 이런 분들은 다음 3가지 관점(상황, 주제, 비전)을 읽으며 점검하고 결정해보자.

1. 상황 점검 : 출판 사업자 등록증을 낼 수 있는가?

먼저 내 개인 사업자를 등록해도 되는 상황인지 확인해야 한다. 직장이 있는 경우 세금 문제로 꼬일 수도 있고 기업에서 개인이 외부 일을 금하는 경우도 있다. 결정적으로 본인이 사업자가 되면 직장 내 4대 보험의 혜택 문제에 영향을 받을 수 있다. 만약 본인이 사업자 등록을 할 여건이 안 된다면 가족 등 동업자의 이름으로 진행하는 방법도 있다. 출판 사업자 등록을 하는 과정 자체는 어렵지 않다. 또 출판사를 등록했어도 수익이 없다면 세금 처리 과정이 복잡하지 않아서 천천히 운영하며 계획을 세워나가도 된다. 반대로 도저히 사업자를 등록하기에 부담이 되는 상황이라면 다른 경로를 찾는 게 맞다.

2. 주제 : 개성이 강한, 예술성이 있는 책인가?

독립 출판으로 나오는 책들은 일반 책들과는 성격이 조금 다르다. 창작자의 개성이 더 자유롭게 구현될 수 있는 쪽이 독립출판물이다. 이 출판물들은 콘셉트에 따라 형태에 제약도 적다. 어떤 에세이는 '편지' 감성 느낌을 살리고자 A4용지에 텍스트만 인쇄하여 제본 없이 우편봉투에 넣어 판매했다. 또 창작자가 손수 실제본과 책 커버를 꾸미 '리미티드 에디션'이라 붙여 판매할 수 있다. 그 외 명함 사이즈의 아주 작은 책, 팜플렛 같은 책도 있다. 이 독립출판 책들은 '창작'이 주는 매력을 한껏 드러낼 수 있는 분야다. 책을 내고 싶다고 꼭 빡빡한 글을 써야 할 필요는 없는 것이다. 예술가 기질이 다분한 창작자라면 이런 독립출판의 장점을 잘 활용하면 좋다. 독립 출판 안에서 인기가 있는 책들은 나중에 출판사에서 계약 연락이 오는 경우도 있다. 혹은 해당 책이 잘 팔리는 것을 확인한 후에, 출판사를 통해 다시 일반 출판으로 만들어내는 것도 가능하다.

3. 비전 : 출판에 비전이 있는가?

단순히 한~두 권 내 책을 만들어 보고 싶어서 출판사를 시작하기엔 해야 할 일들이 너무 많다. 또한 출판사는 계속해서 책을 만들어야 살아남는다. 저자이자 대표로 시작했다고 해도, 점차적으로 다른 작가들의 책을 낼 수 있어야 한다. 그렇기 때문에 순간적인 관심보다는 '내가 출판의 비전을 가지고 꾸준히 도전한다.'라는 다짐이 있어야 한다. 그게 아니라면 구태여 출판사를 만들어 생각보다 번거로운 일 처리를 떠맡지 않는 편이 더 낫다.

비전과 출판 사업을 시작한 자기만의 확고한 결단이 있다면 천천히라도 성장해나가면 된다. 이런 경우는 독립출판보다는 곧바로 일반 출판으로 뛰어드는 편이 좋다. 아무렴 대형 서점에 납품할 수 있으며 대중적인 책들을 많이 접하면서 그 감각을 빠르게 습득하는 편이 좋기 때문이다.

인쇄 출판은 크게 두 가지로 나뉜다. 출판사를 만드냐, 만들지 않느냐이다. 이 큰 차이로 구분되는 방법이 독립출판과 일반 출판에 해당된다. 요새 들어 '독립출판'이라는 말을 들어보았는가? 독립 출판, 독립 출판 서점, 독립 출판 마켓 등 들어 보았을 것이다. 바로 이곳에서 바코드가 없는 책도 판매가 가능하다. '독립'은 기존의 판매 형태에서 벗어나 독자적으로 진행될 수 있다는 의미를 지닌다. 일반적으로 책이 판매되기 위해 필요한 출판사, 바코드, 대형 서점 계약이 없어도 가능하다. 이 경우 책을 쓰고 자체 제작하고(인쇄), 독립서점을 알아본 후 유통하면 된다. 독립출판이 비교적 간단한 이유는 일반 출판에서 일부(혹은 부담되는) 과정들이 생략되기 때문이다. 사업자등록증을 한다거나, 출판사와 배본사와 계약을 해야 하는 등의 일을 하지 않아도 된다. 물론 대형서점에 납품할 수 없는 단점이 있지만, 특색 있는 독립출판은 그 자체로 경쟁력이 있다. '도쿄규림일기' 등 창작자의 개성을 드러내 팬층을 확보해가며 큰 인기를 얻는 경우도 있다. 좀 더 창의적이고 개성이나 예술성이 있는 나만의 책을 만들고 싶다면 독립출판으로 시작해보는 방법도 좋다. 몇 년 전부터 독립서점의 수는 늘고 있고 있다. 동네 서점, 동네 책방이라고도 부르며 여러 문화공간으로도 활용되고 있다. 아직 다른 지방에는 많이 없지만 서울에는 충분히 다양하고 많은 책방이 있다. 우선 부담 없이 책을 만들고 독립서점을 두드려보는 것도 좋은 도전이다.

〈독립출판〉

규격화된 형식의 책에서 벗어나, 작업자의 예술성, 개성, 매력 있는 콘텐츠에 초점을 맞춘 서적 '재미', '감성' '공감', '간략 정보', '짧은 이야기', '볼거리' 등의 성격을 주로 내포하고 있다.

- 출판사를 차리지 않고 개인적으로 제작 가능
- 독립서점들을 알아보고 개별적인 입고 문의
- 독립출판 마켓이나 개별 판매 가능

일반 출판과 독립 출판의 비교

	일반 출판	독립 출판
기획 내용	독차층에 따른 출판기획, 규격화된 형식	작가의 개성이 드러난, 콘셉이 명확한 책
제작자	작가 + 출판사 (편집자, 디자이너 등)	창작자
판매 서점	대형서점, 지방서점, 각종 도서 판매처	독립출판 전용 서점, 마켓, 개별 판매
납품 방식	도서번호 바코드(isbn) 발급 후 배본업체를 통해	독립출판 개별 컨텍 후 납품 (isbn 없어도 가능)
제작 수량	초판 1쇄 500~2000 부	초판 1쇄 300~1000 부
확장성	서점의 규모 만큼 확장 가능성이 높다	판매처가 제한되어 있어 확장성이 낮을 수 있다
장점	한번 잘 나간 책은 빠르게 전파되어 대중성과 수익성을 높일 수 있다	작가의 개성대로 재밌는 책을 만들어 볼 수 있다 단골 독자층을 확보해볼 수 있다
단점	출판사일 경우 서점비, 배본비, 세금 등 고정 지출 비용이 있다. 꾸준한 대량생산, 대량판매가 가능할때 용이하다.	홍보나 보급등에 어려움이 있을 수 있다

제작비 0원으로 시작해서
책을 만들 수 있는 방법?

　책을 제작하는데 아무래도 가장 염려가 되는 부분은 비용이다. 출간 경험 없는 초보 작가일수록 쉽게 결정하지 못한다. '내 책이 과연 팔릴까?'란 질문에 답을 알 수 없기 때문이다. 결과의 확신이 없는 상황에서 시간과 돈을 쏟아붓기란 누구나 어렵다. 이런 고민을 하고 있는 사람에게 '제작비 들지 않고 출판을 도전해볼 기회가 있어.'라고 말하면 당연히 솔깃하다. 과연 제작비 0원으로 책을 만들 방법이 있을까?

　이는 바로 펀딩을 활용하는 것이다. 일명 크라우드 펀딩이라고도 한다. [자금을 필요로 하는 수요자가 온라인 플랫폼 등을 통해 불특정 다수 대중에게 자금을 모으는 방식]의 개념이다. 검색창에 펀딩 사이트를 검색하면 몇 가지 목록이 뜨는데, 그중 출판으로 지원하기 좋은 곳은 텀블벅과 와디즈다. 특히 텀블벅 사이트는 개성적인 독립출판과 다양한 도서 펀딩이 많이 진행된다. 그만큼 관련 분야의 비슷한 독자층과 창작자들이 많이 유입되는 곳으로, 인기가 있는 펀딩은 천만 원대를 넘는 일도 적지 않다. 와디즈는 펀딩에만 특화된 플랫폼은 아니어서 텀블벅에 비해 출판 창작물이 드물게 올라온다. 그렇다고 무조건 더 활발한 플랫폼만 좋다고 할 수는 없다. 와디즈 역시 유입되는 대상들이 관심을 가질만한 창작물일 경우 높은 후원금으로 성공하는 경우도 많다. 우선은 각 펀딩 사이트를 직접 살펴보고, 내가 만들고자 하는 책이 더 어울리는 플랫폼으로 선택하면 된다.

　이러한 펀딩 사이트들을 들어가 보면 제작비 없이 책을 만들 수 있다는 말을 실감할 것이다. 많은 책들이 후원 달성이 되어 대충 파악해도 충분한 제작비를 보장받은 것을 본다. 어떻게 보면 선 입금의 개념이다. 공짜로 후원되는 경우가 아니라 내 책이 먼저 판매가 예약된 상황이니 말이다. 이렇게 사전에 구매자를 확보할 수 있다면 창작자 입장에선 부담을 덜어주는 가장 좋은 방편이다. '제작비가 너무 많이 드는데', '내 책이 팔릴까?', '수요가 있는 책일까?'라는 걱정을 덜어준다. 그것만으로 만들고자 하는 책에 자신감을 갖고 더 열심히 작업에 임할 동기부여가 생긴다.

　또한 후원의 성과 여부로 나의 프로젝트를 점검할 수 있다. 펀딩 실패했다면 대중의 관심도가 떨어지거나, 펀딩을 통해서 매력을 보여주는데 맞지 않는 책이다. 펀딩에 실패했다고 그 책 자체가 가능성 없다고 단정 지을 수는 없지만 면밀히 점검하고 발전시키도록 노력할 필요는 있다. 책 표지, 주제, 내용, 목차, 홍보 등 모든 측면에서 말이다. 이때 책을 직접 살펴보지 못하고 웹에서 샘플 이미지로만 확인이 가능한 점에서 디자인의 중요성은 매우 높다. 특히 책 표지는 썸네일로 곧바로 보이는 만큼 가장 1순위 홍보 방안이다. 책 표지가 내용의 특성을 잘 담고, 감각적이고 멋있다면 한 번쯤은 눈이 갈 수밖에 없다. 그러니 펀딩을 할 생각이라면 비용을 들여서라도 북 디자인에 신경을 많이 쓰는 게 좋다.

나도 펀딩 이용을 자주 하는 편이다. 이유는 똑같다. 제작비의 부담을 덜기 위함이다. 처음 출판을 시작할 때 제작비가 여유롭지 않다 보니 펀딩에 도전할 수밖에 없었다. 가장 첫 펀딩은 소설이었는데, 처참하게 실패했다. 지인 외에는 아무도 관심 없었다고 해도 과언이 아니다. 그다음 책도 별반 다르지 않는 결과로 실패했다. 그래도 한번 책을 제작해서 서점에 납품해봐야 감이 잡힐 것 같아 사비로 출판을 강행했다. 그런데 그 역시 실패했다. 호기롭게 알아서 팔릴 줄 알고 1000권이나 찍었는데, 아마 거의 그대로 물류창고 있을 것이다. 그래도 실패를 통한 교훈으로 발전하며 세 번째 펀딩을 도전했다. 그때는 기대도 하지 않았다. 하지만 그 책은 하루 만에 목표 금액이 채워지고, 약 800만 원 이상 모금되는 값진 성과를 얻었다. 나는 그를 통해 펀딩 사이트의 특성을 좀 더 알게 되었다. 이후 몇 번의 펀딩으로 크고 작게 성공하여 제작에 큰 힘을 얻었다. 이 책 역시 펀딩으로 첫 발을 비교적 수월하게 내디딜 수 있었다.

* 펀딩 도전의 장점

1. 상품 경쟁력

: 모여진 후원자를 통해 내 콘텐츠의 시장 가능성을 가늠할 수 있다.

2. 제작비 사전 모금

: 후원자들을 통해 모여진 금액으로 제작비의 부담을 현저히 덜 수 있다.

3. 1차 홍보

: 모금 달성이 되면, 텀블벅 상위 노출로 이어져 지속적인 홍보가 된다.

4. 기간 내 제작

: 모금 달성이 되면, 제작의 데드라인이 생겨 목표 의식이 강해진다.

5. 발전 가능성

: 프로젝트 성공에 따른 콘텐츠 발전 가능성을 확인하며 다음 방향을 모색한다.

* 펀딩했을 때 인기 있는 책은?

1. 현재 트렌드를 반영한 책

: 독자 타겟이 분명한 트렌드를 적극 반영하는 책은 일정한 수요가 있다.

2. 사이트를 주로 찾는 '창작자'에게 도움이 되는 책

: 펀딩에 방문하는 사람들이 누구인지 확인하고, 그들이 관심있을 만한 정보를 담고 있는 책은 일정한 수요가 있다. (ex 창작 실용서)

3. 팬층이 확실한 저자 or 출판사의 책

: 이미 많은 팬을 보유하고 있는 창작자가 sns 등을 통해 홍보하면 효과가 있다.

4. 멋진 일러스트가 돋보이는 창작물

: 펀딩 사이트를 찾는 사람들은 보통 예술이나 창작에 관심이 많기 때문에 멋진 일러스트 등 돋보적으로 우수한 예술 작품은 인기가 있다.

5. 무엇보다도 확실한 컨셉은 기본!

: 가장 중요한 것은 어떤 분야의 책이든 컨셉이 확실해야 한다. 짧은 소개로 책이 독자에게 필요한 이유를 매력적으로 홍보할 수 있어야 한다.

* 펀딩 사이트

1. 텀블벅

: '창작'의 주력된 펀딩 사이트. 다른 사이트에 비해 출판 분야가 많이 활성화 되어 있다. 다양하고 예술적인 독립 출판도 많이 올라온다.

2. 와디즈

: 투자와 펀딩 모두 진행하는 사이트. 실용 서적을 만든다면 와디즈에 도전 해봐도 괜찮다.

3. 카카오메이커스

: 카카오에서 시작하는 펀딩 사이트. 카카오 연동 홍보에 장점이 있다.

* 위 사이트 외에 다른 펀딩 사이트를 찾고, 내 작업에 맞는 곳에 도전해보자.

* 펀딩 등록 tip

1. 기간

: 기간은 펀딩 공개 이후에 다시 수정 못하는 편으로, 처음에 신중하게 정합니다. 이때 각 펀딩 사이트 설명란에 모금액 입금 날짜를 필히 확인하고 제작 일정을 고려하여 정합니다. 여기에 실행 가능한 제작 기간을 잡는 것이 중요합니다.

2. 모금액

: 모금액의 최소 기준은 내가 충당할 수 있는 제작비를 제한 금액으로 한다. 예를 들어 제작비 300만원이 드는데, 200만원을 충당할 각오가 있다면 100만원 모금액으로 잡는다. 300만원 그대로 잡는다면, 달성까지 시간이 걸려 상위 노출이 잘 안될 수 있기 때문이다. 보통 1~200만원을 많이 한다.

3. 완성

: 플랫폼마다 등록 안내 가이드를 한번은 꼭 읽고 주의해야할 점을 지켜서 등록 합니다. 어짜피 심사가 통과되야 하며, 심사 후 담당자가 수정 사항을 알려주기 때문에 고민만 너무 오래하지 않습니다.

1인 출판과 독립 출판의 비교 정리 표

〈출판사〉

기성 서점 유통
ISBN 필요

출판은 출판사에서 이루어진다. 가장 일반적인 방법이다. 출판사를 통해 내는 책은 보통 isbn을 부여 받고, 대형 서점(교보, 알라딘, 예스24 등)에 유통이 가능하다. 출판사로 책을 내는 방법은 단순하게 타 출판사와 계약 후 진행하거나, 내가 직접 출판사를 만들어 1인 출판을 하는 방법이 있다.

— 투고 및 계약
— 1인 출판사

〈독립 출판〉

작은 서점 유통
ISBN 불 필요

출판사를 만들지 않고 책을 내고 싶다면 독립 출판을 하거나 출판 대행 사이트를 찾아야 한다. 독립 출판은 isbn을 받지 않았기 때문에 대형 서점에 유통할 수 없고, 작은 서점에만 입고를 요청할 수 있다. 대행 사이트는 개인적으로 책 제작하고 싶어하시는 분들을 위해 운영하는 사이트들이다.

— 자체 제작
— 대행사

장점
작업의 부담 x : 작가는 글만 쓰면 되니깐 다른 작업의 부담이 없다.
완성도 확보 : 제작면에서 출판사가 전문적으로 해준다.

단점
인세 : 초보 작가일 수록 낮은 인세 5~15%만 받아 수익이 적다.
인지도 우선 : 초보 작가일수록 계약이 힘들다.
출간 불확실 : 출판사가 계약을 진행해야 하기 때문에 마음먹은대로 할 수 없다.

장점
출간 확실 : 내가 완성하여 진행하는 대로 책을 만들 수 있다.
제작 자유 : 제본인이 만들고 싶은 책으로 자유롭게 진행 가능 하다.

단점
전문성 부족 : 출판 전문가의 가이드가 없어서 초보자의 경우 전문성이 부족할 수 있다.
판매 불확실 : 초기 책의 판매와 수익 예측이 불확실하다.
운영 및 관리 : 배본사, 서점 계약, 출고 발주, 홍보 및 영업, 세금 등 모든 운영을 관리해야 한다.

출판사 업무를 함께 병행하여, 관리할 수 있는 생활이라면 추천.

다만 부업의 개념으로 해보고 싶다면 일 분배 계획을 잘 잡고 접근해야 한다.

장점
적은 부담 : 책을 만들기만 하면 되기 때문에 운영에 부담이 적다.
개성 출판 : 독립 출판에서는 기존의 책보다 자유롭고 개성이 강한 책을 만들 수 있다.

단점
판매 불확실 : 독립 서점이라도 무조건 책을 받아주지 않으며, 판매 창구가 적어서 수익을 처음에는 기대하지 않는게 좋다.
대형서점 불가 : isbn이 없으면 대형서점에 유통할 수 없다.

출판사 업무를 함께 병행할 여유가 없고 부담이 든다면, 처음 책은 독립출판의 개념으로 접근하여 만들고 완성하는데 목적을 두는 것이 괜찮다.

장점
작업의 부담 x : 작가가 책을 전부 만들어야 하는 부담이 적다.

단점
제작비 : 디자인, 편집 등 자체 대행사 이용 비용이 든다.
직접 판매 : 서점 유통, 홍보 등을 해주는 것이 아니라서 판매는 직접 해야 한다.

1인 출판과 독립 출판의
업무 진행 표

〈1인 출판사 제작 진행 과정〉

출판사 신고	책 제작	isbn 발급	인쇄 및 제작
필요 서류를 준비하여 관련 기관에서 출판사 신고를 합니다. 출판사 신고 자체는 어렵지 않아서, 누구나 쉽게 사업자를 만들 수 있습니다.	만들고 싶던 책을 제작합니다.	대형 서점 유통을 위해, 서지 정보를 등록하여 isbn을 발급받아야 합니다. 책 표지에 넣어야 하기 때문에, 표지를 완성하기 전에 발급습니다. 기간은 약 1주일 소요.	인쇄소를 알아보고 책 제작을 맡깁니다. 300부 이상일 경우 전문 인쇄소에 부탁하는 것이 좋습니다.

〈독립 출판 제작 진행 과정〉

책 제작	인쇄 및 제작
만들고 싶던 책을 제작합니다.	인쇄소를 알아보고 책 제작을 맡깁니다. 300부 이상일 경우 전문 인쇄소에 부탁하는 것이 좋습니다.

출판사가 처음이라면 유통하고 싶은 서점과 모두 계약을 먼저 해야합니다. 각 서점별 계약 방법은 사이트에 안내되어 있습니다.

인지도가 없는 소규모 출판사는 책을 알리기 위해 먼저 MD와 미팅을 하고 홍보를 해야 합니다. 교보는 MD 미팅이 가장 우선입니다.

서점 계약

MD 미팅

배본사 계약

서점 유통

발주, 판매, 홍보

계산서 발행

대형 서점에 유통하기 위해서는 배본사와 필히 계약을 해야 합니다. 배본사는 책류 물류 창고의 개념입니다. 이곳에 발주를 넣으면 서점으로 들어갑니다.

배본사, 서점 계약이 완료되면 온라인, 오프라인에 책이 들어갑니다. 내가 계약한 각 서점에 책이 유통됩니다.

판매하여 주문이 들어오면 발주를 넣는 일을 합니다. 발주 시스템을 계약한 배본사에서 프로그램을 설치해줍니다. 자체적인 홍보와 관리를 병행해야 합니다.

서점에 납품한 건에 대해서 매달 계산서를 발급해야 판매한 돈이 들어옵니다. 계산서 발행은 서점과의 정산에서 필수입니다.

서점 계약

서점 유통

발주, 판매, 홍보

계산서 발행

독립 서점이라고 검색되는 곳들을 위주로 알아보고, 입고 문의를 합니다. 메일 및 사이트 안내를 따라 진행합니다.

독립 서점과 계약을 했다면 발주가 들어오는 대로 보냅니다. 이때 배본사가 없어서 직접 택배를 통해 유통해야 하는 번거로움이 있습니다.

서점과 계속 발주를 주고 받으며, 자체적인 홍보를 계속 진행해나가야 합니다.

독립 출판도 판매 수익 정산에 계산서를 요청할 수 있습니다. 사업자등록증이 없다면 다른 방식을 문의하여 진행합니다.

1인·독립 출판
살아남는 업무 전략

자기 객관화

어떤일이든 자기 객관화는 중요하지만 자신의 사업을 하는 입장에서 이 부분이 잘 되지 않으면 굉장히 위험하다. 자신의 역량, 능력 그에 따라 수입 통로를 구축할 방안을 올바르게 세워나갈 수 있어야 한다. 먼저는 내가 책을 만들 수 있는 역량, 전문성, 상황 등을 파악하자.

- 업무 포지션
- 전문 분야
- 부 수입의 경로

제작비 최소화

초반 제작비(투자비)를 어느정도, 언제까지 생각하고 있는가? 최소 출판을 시작하고 1년 동안은 출판 수익금이 아닌 돈으로 생활할 수 있는 플랜을 짜놓는것이 좋다. 제작비를 최소화하는 방안은 크게 인력비를 줄이는 것, 제작 단가를 최소화하는 것 두가지로 볼 수 있다.

- 제작비 0으로 시작
- 업무 포지션 늘리기
- 제작 단가 최소화

팔리는 책

팔리는 책은 쉽게 말해서 독자가 필요한 책이다. 해당 책을 통해 얻을 것이 있다고 판단되는 책이다. 트렌드와 시기적 유행이 반영될 수도 있다. 아직 이 부분에 감을 잘 모르겠다면, 출판 트렌드의 강의를 찾아듣자. 혹은 문학보다는 실용서 위주로 접근해보는 것도 괜찮다.

- 인지도
- 독자가 원하는 책
- 펀딩을 통해 알리기

운영 및 성장

이러한 방안들은 기반을 잡기위한 가이드이다. 몇년이 지나도 불안정한 구조로 일을 하면 위험하다. 계속해서 발전해 나갈 수 있도록 중장기적인 계획과 목표를 세우고 가장 성실하게 일해 나가야 한다.

- 콘텐츠 전문력 쌓기
- 매해 출간 종수 확대
- 협력 알아보기

이 내용은 1인 출판을 시작하려고 하는 분이나
출판 운영 초기 기반을 잡아나가는 과정에서 살아남을 수 있는 전략적 가이드입니다.

- 작가, 편집자, 디자이너, 출판운영 크게 4가지의 포지션으로 나눌 때 나는 어느정도 맡을 수 있는가? 이 포지션을 분담함에 따라 제작비용은 늘어난다. 1인 출판의 경우 혼자 모든 책을 만들거나, 디자인만 빼고 맡거나 하는게 좋다.

- 콘텐츠를 집적 만든다고 할 때 신뢰성을 줄 수 있는 나의 전문 분야는? 책에서 저자소개란의 정보는 중요한 편이다. 만약 글을 쓰고있다면, 독자가 자신을 신뢰할 수 있을만한 배경을 소개할 맥락이 있어야 한다. 문학쪽은 인지도를 통해서도 줄 수 있다.

- 책을 내자마자 베스트셀러가 보장된 경우가 아니고서는 초반 수입은 불안정하다. 조급하지 않기 위해 부수입의 경로와 관련 N잡을 같이 병행하는게 좋다. 가장 좋은 것은 내가 만든 콘텐츠와 관련된 (강의, 워크숍, 물품)내용이다. 그렇지 않은 일도 괜찮다.

- 제작비를 0으로 시작하는 방법은 모든 업무를 스스로 하며, 펀딩을 통해 제작비를 사전에 지원받는 것이다. 이를 위해서 업무 포지션에 따라 인력비가 나가지 않도록할 수 있음이 우선이다. 출판기획을 잘 세워 펀딩을 시도한다.

- 자신이 맡은 업무 포지션이 무엇인가? 혹시 2명 이상의 다른 인력이 필요한 상황이라면, 다시 전략을 세워보는 것이 낫다. 초반에 불안정한 수입상태에서 빠져나가는 비용을 최소화하기 위해서는 본인의 역량을 높여야 한다.

- 멋지고 이쁜 책을 누구나 만들고 싶겠지만, 일단 그 욕심은 나중의 목표로 두고 동기부여를 함이 좋다. 양장보다는 무선, 컬러보단 흑백이나 2도, 일러스트 삽입보다는 텍스트 혹은 무료 이미지 사용으로 만들 수 있는 책을 작업한다.

- 글의 작가나 출판사의 인지도는 어느정도 인가? sns, blog 등 온라인 상에서 팬층이 얼마나 있나? 인지도가 클 수록 홍보는 쉽다. 인지도가 탄탄할 수록 팬층에 의해서 책의 구매율이 높아진다. 꾸준한 온라인 sns 관리를 해야한다.

- 내가 원하는 책을 만드는가? 아니면 독자가 필요한 책을 만드는가? 누구나 자신이 만들고 싶은 책을 먼저 생각을 많이 하지만 이는 위험하다. 그런 책은 기반이 잡힌 후에 만들도록 목표하자. 일단 독자가 필요한 책, 독자가 구매할 수 있는 책을 중심으로 기획하자.

- 펀딩을 통해 책을 만들어보자. 펀딩에서 미리 받은 금액으로 제작비의 부담과 걱정을 덜 수 있다. 펀딩으로 성공하고 싶다면, 펀딩에서 먹힐 수 있는 책을 내야 한다. 펀딩사이트를 살펴보면서 분석해본다. (ex : 창작자를 위한 실용, 창작자의 전문성이 있는 책)

- 본인이 작가로서 자신의 책을 출간하고 있다면, 관련 분야의 전문성을 계속 쌓아나간다. 즉 출판하는 책들이 어느정도 그 주제와 분야에 통일성을 갖고 간다. 이 전문력을 계속 쌓아나가면 다음 책의 신뢰도가 높아진다.

- 작년보다 올해 발전해야 한다. 기반을 계속 쌓아나가야 안정적인 사업을 운영할 수 있다. 내년 출간 종수를 확대할 수 있도록 계획을 잡고 운영해나가는지 스스로 돌아봐야 한다. 또한 장기적으로는 1인 출판이 아닌 인력이 충당되어 업무 세분화가 되어야한다.

- 자신의 책을 내기만 하는 것은 한계가 있다. 좋은 컨텐츠의 책들을 꾸준히 많이 낼 수 있어야 한다. 그러기 위해 작가와의 인연이 생길 수 있는 장을 찾아다닌다. 또 책으로 낼만한 스토리가 있는 사연에 귀기울인다. 출판에 지원을 해주는 각종 사업을 잘 알아본다. 출판문화산업진흥원의 홈페이지를 수시로 본다.

○ 1인 출판·책 제작에 도움이 되는 실용서 ○

창작과 책 제작에 도움이 되는 저자의 다른 책들을 소개합니다

책쓰기와 출판코칭

책 소개

내 책만들기를 꿈꾸는 분들에게 현실적인 출판 방법을 코칭합니다. 현재 상황에서 독립출판과 1인 출판 중 무엇을 하는게 좋을지, 독립출판의 매력은 무엇인지, 1인 출판으로 자리잡기 위해 어떻게 일을 해나가야 할지 등 '재정, 업무, 관리'와 같은 운영의 전반적인 내용을 다룹니다. 저자의 실제 경험 속에서 얻은 시행착오로 풀어낸 알찬 메세지가 가득합니다. 책은 8장안에 80 주제로 1인 출판의 정보를 전합니다.

인디자인 북디자인

책 소개

책 만들기에 초점을 맞춰 인디자인을 알려주는 실용 서적입니다. 이 책의 1부는 편집 디자인의 개념을 설명하는 이론 내용으로, 2부는 편집 디자인 순서에 따른 인디자인 툴 설명으로 되어 있습니다. 나혼자 책 만들기에 도전하는 분들은 인디자인을 배우려고 합니다. 이때 그냥 툴만 익히려고 한다면 '언제 어떻게' 툴 작업을 해야하는지 감을 잡기 어렵습니다. 이 책은 그러한 북 디자인의 방향안에서 툴 설명이 됩니다.

창작과 권리 개념에 대한 기본 책

창작과 책 제작에 도움이 되는 저자의 다른 책들을 소개합니다

그림책 만들기, 기획이 먼저다

책 소개

에세이 워크북과 함께 「기획이 먼저다」 시리즈 도서입니다. 그림책을 만들고 싶은 초보 작가님들을 위해 만들었습니다. 워크북 시리즈는 초보 창작자님들이 방향을 잡고 나아갈 수 있도록 체계적인 단계를 안내합니다.
1부는 '그림책을 알기'로 필요한 개념을 알아가면서, 기획에서 무엇을 고민해야 하는지 안내합니다. 2부는 '그림책을 창작'으로 어떤 과정으로 창작을 진행하는지 가이드합니다.

출판 계약 실무

책 소개

작가, 출판사 등 책을 만들고 싶은 분들에게 필요한 출판 저작권에 관한 내용입니다. 출판표준계약서에 들어가는 헷갈리는 저작권에 관한 개념들을 깔끔한 인포그래픽으로 정리했습니다. 출판문화진흥원 홈페이지에서 무료로 보급하는 해설 파일은 쉽게 이해하기 힘들어, 핵심 개념만 뽑아낸 이 책을 제작했습니다. 인쇄 책은 판매되지 않고, PDF 전자책 형태로 북샵인 네이버 스토어에서 저렴한 가격으로 구매가능합니다.

북샤인 자료 나눔

blog.naver.com/k_hsun

- **강의 영상**

  워크북 책에 실린 내용을 바탕으로 짧게 편집된 강의 영상들을 무료로 공유합니다. 책 설명으로만 이해하기 힘드신 분들은 영상을 활용하시며 창작 활동을 진행해보세요. 영상은 북샤인 블로그의 〈창작 강의 영상〉 게시판에서 확인하실 수 있습니다.

- **워크 시트 파일**

  워크북에서 직접 적을 수 있는 칸으로 되어 있는 부분들을 무료 파일로 공유합니다. 다운 받으시고 언제든 필요하실 때 이용하실 수 있습니다. 파일을 인쇄하셔서 나만의 창작 노트를 만들어 보세요.

- **참고 도서 목록**

  저자가 공부하고 참고한 다양한 책과 필사 자료를 소개합니다.

- **1인 출판 정보**

  블로그에는 1인 출판에 관한 정보와 내용들이 있습니다. 「책쓰기와 출판코칭」에 집필한 내용을 바탕으로 포스팅됩니다.

- **독립 출판 자료**

  독립 출판에 관한 정보 및 조사한 내용들을 소개합니다.

- **스마트 스토어 : 북샤인 문고**

  smartstore.naver.com/_bookshine

  북샤인 문고에서는 창작에 도움주는 자료들을 계속해서 업로드하며 판매해나갈 예정입니다. 북샤인 문고에서 필요한 자료를 얻어보세요. 또 북샤인은 문고는 크리스천 창작소로 발전하며 다양한 창작 콘텐츠를 선보일 계획입니다.